東大教授がおしえる 忠臣蔵図鑑

監修 山本博文
東京大学史料編纂所教授

二見書房

東大教授がおしえる
忠臣蔵図鑑

目次

第一章 江戸城松之廊下事件

第二章 討ち入り前夜

第三章 いざ、討ち入り

第四章　その後の赤穂浪士

終章　討ち入りの舞台を歩く

column もっと知りたい！ 忠臣蔵の話

column 押さえておきたい！ 忠臣蔵のお土産

はじめに

江戸幕府五代将軍徳川綱吉の治世に起こった赤穂事件は、播州（現在の兵庫県）赤穂藩主浅野内匠頭が江戸城中において高家筆頭の吉良上野介を刃傷したことから起こった一連の事件を言う。

内匠頭は即日切腹を命じられ、上野介は見舞いの言葉を掛けられた。内匠頭の行動は一方的に斬りかけたものなので、現代人が考えればごく当然の処分だったように思える。しかし、当時、武士の世界では「喧嘩両成敗」が天下の大法とされていた。喧嘩をすれば、双方に同等の処分がなされるという原則である。内匠頭が斬りかかった以上、二人の間では何らかのトラブルがあり、それは喧嘩なのだから、内匠頭が切腹となれば上野介も切腹とならなければならない、というのが当時の常識だったのである。

内匠頭の切腹とともに浅野家は断絶、赤穂城は幕府に収公されることになる。大石内蔵助を始めとする内匠頭の家来たちは、幕府が上野介に何らかの処分が行われるべく行動するが、幕府はいったん下した処分を撤回しようとはしない。それならば、自力で上野介を討つことによって、「喧嘩両成敗」を実現するしかない、というのが旧赤穂藩士たちの考えであり、それが正義であった。

内匠頭の切腹から一年九ヶ月後、内蔵助ら四十七人は、上野介の屋敷に討ち入り、上野介の首をとった。これに対して幕府は、現場から離れた一名を除く四十六人に切腹を命じた。これは徒党して幕府高官の屋敷を襲撃したことに対する処分だったが、武士が名誉とする切腹を命じたことは、内心では彼らの行動を肯定していることを推測させるものだった。

旧赤穂藩士の討ち入りは、武士のみならず町人まで賞賛するところとなり、事件後、すぐにこれを素材とした芝居が作られ、その後もさまざまな芝居が作られて人形浄瑠璃『仮名手本忠臣蔵』という作品ができる。名前の由来は、仮名がいろは四十七文字あることから赤穂四十七士を連想させ、忠臣の手本としての彼らの行動を賞賛するもので、「蔵」は内蔵助の名前を示している。

これが大当たりとなり、歌舞伎でも演じられ、近代以降も芝居や映画、テレビ時代劇などでさまざまに演じられた。これらのほとんどは「忠臣蔵」という題名だった。『仮名手本忠臣蔵』がこうした芝居の集大成だったから、その題名が受け継がれたのである。とはいえ、『仮名手本忠臣蔵』は、現代からみると荒唐無稽のストーリーであり、現代作られる「忠臣蔵」は、史実としての赤穂事件に近いものになっている。

本書は、「忠臣蔵」のもととなった赤穂事件を、さまざまな角度から最新の成果に基づいてわかりやすく解説したものである。赤穂事件をあまり知らない初心者から、忠臣蔵ファンに至るまで、知識に応じて楽しめるものになっていると確信する。

令和元年十一月　山本博文

赤穂事件関連人物紹介

赤穂
47士

大石《おおいし》瀬《せ》左《ざ》衛《え》門《もん》信清《のぶきよ》

役職 馬廻
給料 150石
享年 27

内蔵助の遠い親戚。円山会議後に脱盟した兄・孫四郎と絶縁。

大石《おおいし》主税《ちから》良金《よしかね》

役職 部屋住
給料 なし
享年 16

内蔵助の嫡男。身長が170センチメートル以上もある偉丈夫だったという。

大石《おおいし》内蔵《くらの》助《すけ》良雄《よしたか》

役職 家老
給料 1500石
享年 45

19歳のときに祖父の家督を継承。性格は温厚で、人望が厚かったと伝わる。

吉《よし》田《だ》澤《さわ》右《え》衛門《もん》兼《かね》貞《さだ》

役職 部屋住
給料 なし
享年 29

忠左衛門の3男。2人の兄が早逝したため、嫡男となる。

吉《よし》田《だ》忠《ちゅう》左《ざ》衛《え》門《もん》兼《かね》亮《すけ》

役職 物頭・郡代
給料 200石・役料50石
享年 63

浅野家3代に仕える。人望厚く、容貌魁偉だったと伝わる。

潮《うしお》田《だ》又《また》之《の》丞《じょう》高《たか》教《のり》

役職 絵図奉行・郡奉行
給料 200石
享年 35

妻が内蔵助の叔父・小山源五右衛門の娘。内蔵助とは剣術道場で同門だった。

堀部《ほりべ》弥兵衛《やひょうえ》金丸《あきざね》

役職 隠居(元江戸留守居役)
給料 20石(隠居料)
享年 77

浅野家3代に仕える。事件時はすでに75歳で隠居していたが、討ち入りに参加。

岡島《おかじま》八十右衛門《やそえもん》常樹《つねもと》

役職 札座勘定奉行
給料 20石5人扶持
享年 38

惣右衛門の実弟。赤穂開城時、藩札引き換えの役を担う。

原《はら》惣右衛門《そうえもん》元辰《もととき》

役職 物頭
給料 300石
享年 56

浅野家3代に仕える。父はもともと米沢藩上杉家の家臣だった。

奥田《おくだ》貞右衛門《さだえもん》行高《ゆきたか》

役職 加東郡勘定方
給料 9石3人扶持
享年 26

近松勘六の異母弟で、孫太夫の婿養子。

奥田《おくだ》孫太夫《まごだゆう》重盛《しげもり》

役職 武具奉行(江戸定府)
給料 150石
享年 57

直心影流の達人。安兵衛とは同門の間柄。

堀部《ほりべ》安兵衛《やすひょうえ》武庸《たけつね》

役職 馬廻・御使番(江戸定府)
給料 200石
享年 34

「高田馬場の決闘」で江戸市中に名を馳せ、弥兵衛に請われて婿養子となる。

小《お》野《の》寺《でら》十《じゅう》内《ない》秀《ひで》和《かず》

役職 京都留守居
給料 120石・役料50石
享年 61

子がなかったため、甥の幸右衛門を養子とする。愛妻家だったと伝わる。

大《おお》高《たか》源《げん》五《ご》忠《ただ》雄《お》

役職 腰物方・金奉行
給料 20石5人扶持
享年 32

俳諧の嗜みがあり、俳号は子葉。母が小野寺十内の実姉にあたる。

近《ちか》松《まつ》勘《かん》六《ろく》行《ゆき》重《しげ》

役職 馬廻
給料 250石
享年 34

祖父の代から赤穂藩浅野家に仕えた譜代の家臣。智略と人望を兼ね備えていたという。

間《ま》瀬《せ》久《きゅう》太《だ》夫《ゆう》正《まさ》明《あき》

役職 大目付
給料 200石・役料10石
享年 63

厳格な人物だったと伝わる。円山会議では小野寺十内とともに内蔵助に決起を迫る。

岡《おか》野《の》金《きん》右《え》衛門《もん》包《かね》秀《ひで》

役職 部屋住
給料 なし
享年 24

小野寺十内の甥。父とともに盟約に参加。父の病没後、父の名(金右衛門)を名乗った。

小《お》野《の》寺《でら》幸《こう》右《え》衛門《もん》秀《ひで》富《とみ》

役職 部屋住
給料 なし
享年 28

大高源五の実弟。自らの意志で京から赤穂に駆けつけて盟約に参加。

間《はざま》喜《き》兵衛《ひょうえ》光延《みつのぶ》

役職　勝手方吟味役
給料　100石
享年　69

言葉数が少なく、誠実な人物だったという。長男、次男とともに討ち入りに参加。

中村《なかむら》勘助《かんすけ》正辰《まさとき》

役職　書物役
給料　100石
享年　45

書に優れ、赤穂開城時は内蔵助とともに残務処理につとめる。

間瀬《ませ》孫《まご》九郎《くろう》正辰《まさとき》

役職　部屋住
給料　なし
享年　23

久太夫の嫡男。事件時は部屋住であったものの、父とともに盟約に参加。

片岡《かたおか》源五《げんご》右衛門《えもん》高房《たかふさ》

役職　側用人・児小姓頭
給料　350石
享年　37

幼少時から浅野内匠頭の近習として仕える。内匠頭から遺言を託される。

間《はざま》新六《しんろく》光風《みつかぜ》

役職　部屋住
給料　なし
享年　24

喜兵衛の次男。幼少時に里村家の養子となるも出奔。姉の嫁ぎ先に身を寄せるも、願って討ち入りに参加。

間《はざま》十《じゅう》次郎《じろう》光興《みつおき》

役職　部屋住
給料　なし
享年　26

喜兵衛の長男。剣と鎗の腕に優れていたという。吉良上野介にとどめをさす。

赤穂
47士

磯貝《いそがい》十郎《じゅうろう》左《ざ》衛《え》門《もん》正久《まさひさ》

役職 物頭・側用人
給料 100石
享年 25

14歳のときに内匠頭に児小姓として仕える。内匠頭から遺言を託される。

村松《むらまつ》三《さん》太《だ》夫《ゆう》高直《たかなお》

役職 部屋住
給料 なし
享年 27

喜兵衛の長男。父の命に抗い、赤穂へ向かって盟約に参加。

村松《むらまつ》喜《き》兵《ひょう》衛《え》秀直《ひでなお》

役職 扶持奉行（江戸定府）
給料 20石5人扶持
享年 62

事件時は江戸にあったが、主君の仇を討つべく赤穂に向かい、盟約に参加。

不破《ふわ》数《かず》右《え》衛門《もん》正種《まさたね》

役職 浪人（元馬廻・浜奉行）
給料 なし
享年 34

内匠頭の勘気に触れて浪人となるも、事件後、恩に報いるために盟約に参加。

菅谷《すがや》半《はん》之《の》丞《じょう》政利《まさとし》

役職 馬廻・代官
給料 100石
享年 44

武門の家柄として浅野家に仕える。山鹿流兵学を習得していたと伝わる。

冨森《とみのもり》助《すけ》右《え》衛門《もん》正因《まさより》

役職 馬廻・御使番（江戸定府）
給料 200石
享年 34

父の死去に伴い、14歳で小姓として出仕。事件前、勅使を江戸の伝奏屋敷へ案内する役をつとめた。

貝《かい》賀《が》弥《や》左《ざ》衛門《えもん》友信《とものぶ》

役職 蔵奉行
給料 10両2石3人扶持
享年 54

吉田忠左衛門の実弟。呉服商・綿屋善右衛門と親交があり、金銭的援助を受けたといわれる。

千《ち》馬《ば》三《さぶ》郎《ろ》兵《ひょう》衛《え》光忠《みつただ》

役職 馬廻・宗門改
給料 100石
享年 51

剛直な性格のため内匠頭とは折り合いが悪かったが、出奔を思いとどまって討ち入りに参加。

木《き》村《むら》岡《おか》右衛《え》門《もん》貞行《さだゆき》

役職 馬廻・絵図奉行
給料 150石
享年 46

3代にわたって浅野家に仕える。漢詩や漢文に造詣が深かったという。

神崎《かんざき》与《よ》五郎《ごろう》則休《のりやす》

役職 徒目付・郡目付
給料 5両3人扶持
享年 38

津山藩森家の改易後、浅野家に再仕官。事件後は伊助の店の手代として吉良邸を偵察した。

前原《まえばら》伊助《いすけ》宗房《むねふさ》

役職 中小姓・金奉行
給料 10石3人扶持
享年 40

2代にわたり浅野家に仕える。事件後は江戸で商人となって店を開き、吉良邸を偵察した。

杉《すぎ》野《の》十《じゅう》平《へい》次《じ》次房《つぎふさ》

役職 札座横目
給料 8両3人扶持
享年 28

母方が富豪であり、自分の資産を売却して浪士たちの生活を援助したという。

赤穂
47士

横川《よこかわ》勘平《かんぺい》宗利《むねとし》

役職 徒目付
給料 5両3人扶持
享年 37

知り合いの僧を通じて吉良邸の茶会の日時を聞き出す大役を果たした。

矢頭《やとう》右衛門七《えもしち》教兼《のりかね》

役職 部屋住
給料 なし
享年 18

勘定方の父・長助の病没後、父の遺志を継いで盟約に参加。

三村《みむら》次郎左衛門《じろうざえもん》包常《かねつね》

役職 酒奉行・台所役
給料 7石2人扶持
享年 37

2代にわたって浅野家に仕える。身分は低かったが、内蔵助に直訴して討ち入りに加わる。

倉橋《くらはし》伝助《でんすけ》武幸《たけゆき》

役職 中小姓・扶持奉行
給料 20石5人扶持
享年 34

内匠頭の寵愛を受け、広国の名刀を拝領する。討ち入り時にもその刀を手にして斬り込んだという。

武林《たけばやし》唯七《ただしち》隆重《たかしげ》

役職 馬廻
給料 10両3人扶持
享年 32

2代にわたって浅野家に仕える。一説に孟子の血筋を引くといわれる。

茅野《かやの》和助《わすけ》常成《つねなり》

役職 横目
給料 5両3人扶持
享年 37

津山藩森家からの追放後に内匠頭に仕える。召し抱えられた恩義から討ち入りに参加。

赤埴《あかばね》源蔵《げんぞう》重賢《しげかた》

役職 馬廻（江戸定府）
給料 200石
享年 35

講談「徳利の別れ」では酒豪として知られるが、実際は下戸であったという。

早水《はやみ》藤左衛門《とうざえもん》満尭《みつたか》

役職 馬廻
給料 150石
享年 40

備前岡山藩の家臣の家に生まれ、浅野家の家臣早水家の婿養子となる。強弓の達人。

矢田《やた》五郎右衛門《ごろうえもん》助武《すけたけ》

役職 馬廻（江戸定府）
給料 150石
享年 29

2代にわたって浅野家に仕える。討ち入り時には刀を折るも、敵の刀を奪って戦い続けた。

切腹しなかった寺坂吉右衛門

吉良邸への討ち入り時、吉田忠左衛門の足軽として参加した寺坂だったが、一行が泉岳寺に引き揚げたときにはすでにその姿はなかったという。真相は不明であるが、事件後、寺坂は罪に問われることなく、赤穂事件の記録を『寺坂信行筆記』として残した。

寺坂《てらさか》吉右衛門《きちえもん》信行《のぶゆき》

役職 吉田忠左衛門組足軽
給料 3両2分2人扶持
享年 83

8歳のときに吉田忠左衛門の奉公人となる。討ち入り時の年齢は39。47人目の義士と呼ばれる。

勝田《かつた》新左衛門《しんざえもん》武尭《たけたか》

役職 札座横目
給料 19石3人扶持
享年 24

父の死去に伴い、9歳で家督を相続。安兵衛、十平次に次いで剣の腕前に長けていたという。

赤穂藩

瑤泉院《ようぜんいん》

役職 なし
給料 なし
享年 38（41とも）

備後三次藩主・浅野長治の3女で内匠頭の正室。資金面で赤穂浪士の活動を支援。

浅野《あさの》大学《だいがく》長広《ながひろ》

役職 旗本
給料 3000石
享年 65

浅野内匠頭の実弟で養嗣子。赤穂藩から3000石の分知を受ける。

浅野《あさの》内匠頭《たくみのかみ》長矩《ながのり》

役職 赤穂藩主
給料 5万石
享年 35

9歳のときに家督を継承。一説に、利発ではあったが大変女色を好んだと伝わる。

進藤《しんどう》源四郎《げんしろう》俊式《としもと》

役職 物頭
給料 400石
享年 84

内蔵助の親族。当初は内蔵助に従い盟約に加わるも、のち脱盟。山科で隠棲。

大野《おおの》九郎兵衛《くろうびょうえ》知房《ともふさ》

役職 次席家老
給料 650石
享年 不詳

己の才覚で家老に抜擢される。赤穂開城時に内蔵助と対立し、出奔。

大石《おおいし》理玖《りく》

役職 なし
給料 なし
享年 68

豊岡藩京極家の筆頭家老・石束毎公の長女。大石内蔵助に嫁ぎ、3男2女を儲ける。

矢頭《やとう》長助《ちょうすけ》教照《のりてる》

役職 勘定方
給料 20石5人扶持
享年 45

赤穂開城時、内蔵助とともに残務処理に奔走。盟約に参加するも、途上で病死。

高田《たかた》郡兵衛《ぐんびょうえ》資政《すけまさ》

役職 馬廻（江戸定府）
給料 200石15人扶持
享年 不詳

当初、主君の仇討ちを主張するも、叔父からの養子縁組の誘いを断れずに脱盟。

小山《おやま》源五右衛門《げんごえもん》良師《よしもろ》

役職 足軽頭
給料 300石
享年 68

内蔵助の叔父。当初は内蔵助とともに行動するも、のち脱盟。

吉良家

吉良《きら》上野介《こうづけのすけ》義央《よしひさ》

役職 高家
給料 4200石
享年 62

室町将軍家の末裔。当時の官位は従四位上・少将であり、老中よりも高い官位を誇った。

吉良《きら》左兵衛《さひょうえ》義周《よしちか》

役職 高家
給料 4200石
享年 21

米沢藩主・上杉綱憲の次男で義央の養子。養父の隠居に伴い、家督を相続。

上杉《うえすぎ》綱憲《つなのり》

役職 米沢藩主
給料 15万石
享年 42

吉良上野介の長男。母の実家・米沢藩に跡継ぎがなかったことから、末期養子となって米沢藩主となる。

毛利《もうり》小平太《こへいた》元義《もとよし》

役職 大納戸役
給料 20石5人扶持
享年 不詳

吉良邸の偵察に功績を残すも、討ち入り直前に書状を残して突然出奔。

田中《たなか》貞四郎《さだしろう》

役職 側用人
給料 150石
享年 不詳

主君の仇討ちに心を傾けるも、江戸で酒色に溺れて出奔。

奥野《おくの》将監《しょうげん》定良《さだよし》

役職 番頭
給料 1000石
享年 81

大石瀬左衛門の従兄弟。円山会議後に脱盟。

萱野《かやの》三平《さんぺい》重実《しげさね》

役職 中小姓
給料 12両2分3人扶持
享年 28

父から大島伊勢守に奉公するよう命じられ、進退窮まった末に自害を遂げる。

小山田《おやまだ》庄左衛門《しょうざえもん》

役職 馬廻（江戸定府）
給料 100石
享年 不詳

討ち入り日が近づくに至り、小袖と金子を持ち出して逃走。

赤穂事件関連人物相関図

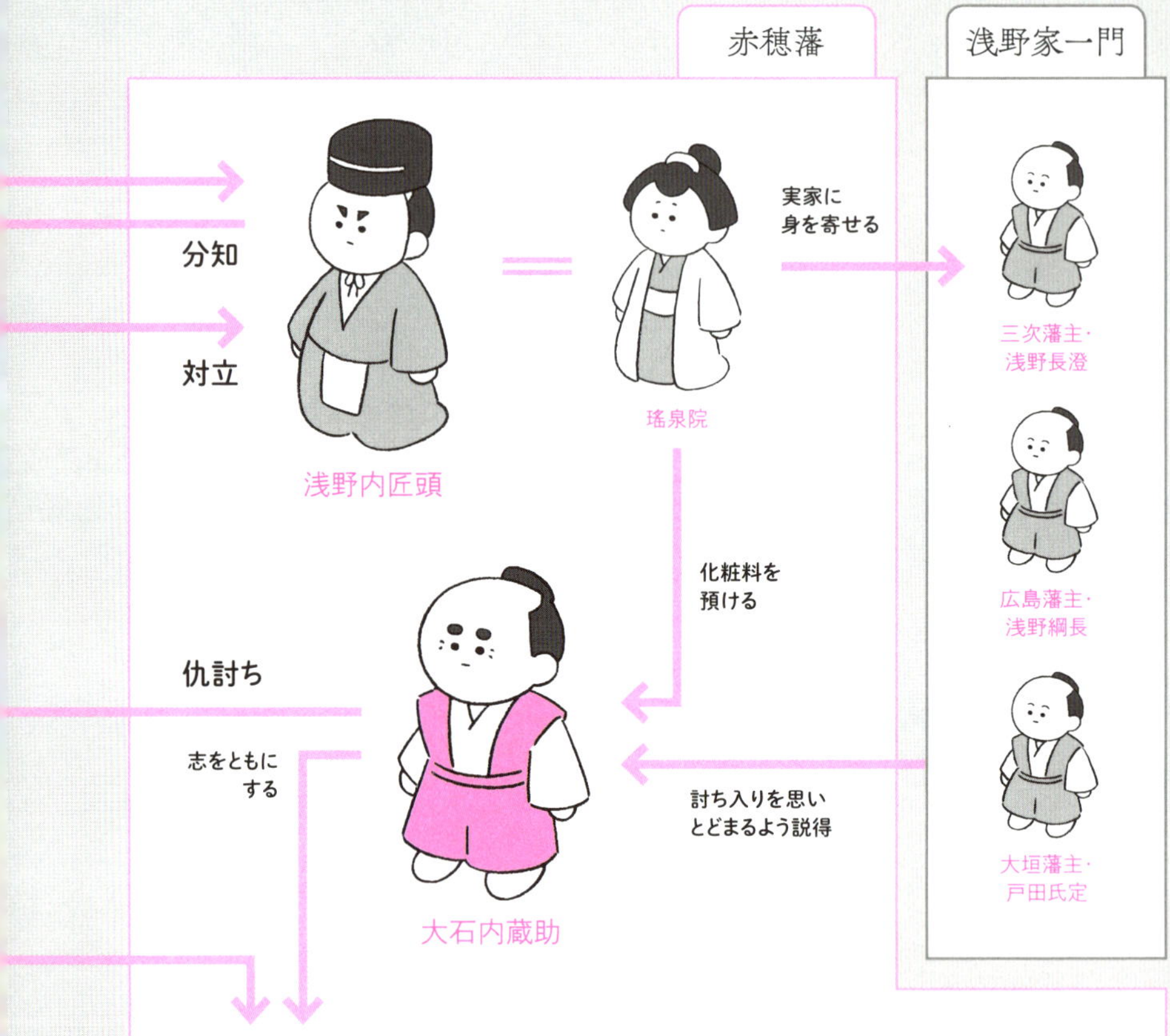

主な討ち入り参加者

大石主税
吉田忠左衛門
礒貝十郎左衛門
原惣右衛門
堀部弥兵衛
片岡源五右衛門
近松勘六
間瀬久太夫
など

主な脱盟・出奔者

大野九郎兵衛
高田郡兵衛
進藤源四郎
奥野将監
小山源五右衛門
田中貞四郎
毛利小平太
瀬尾孫左衛門
など

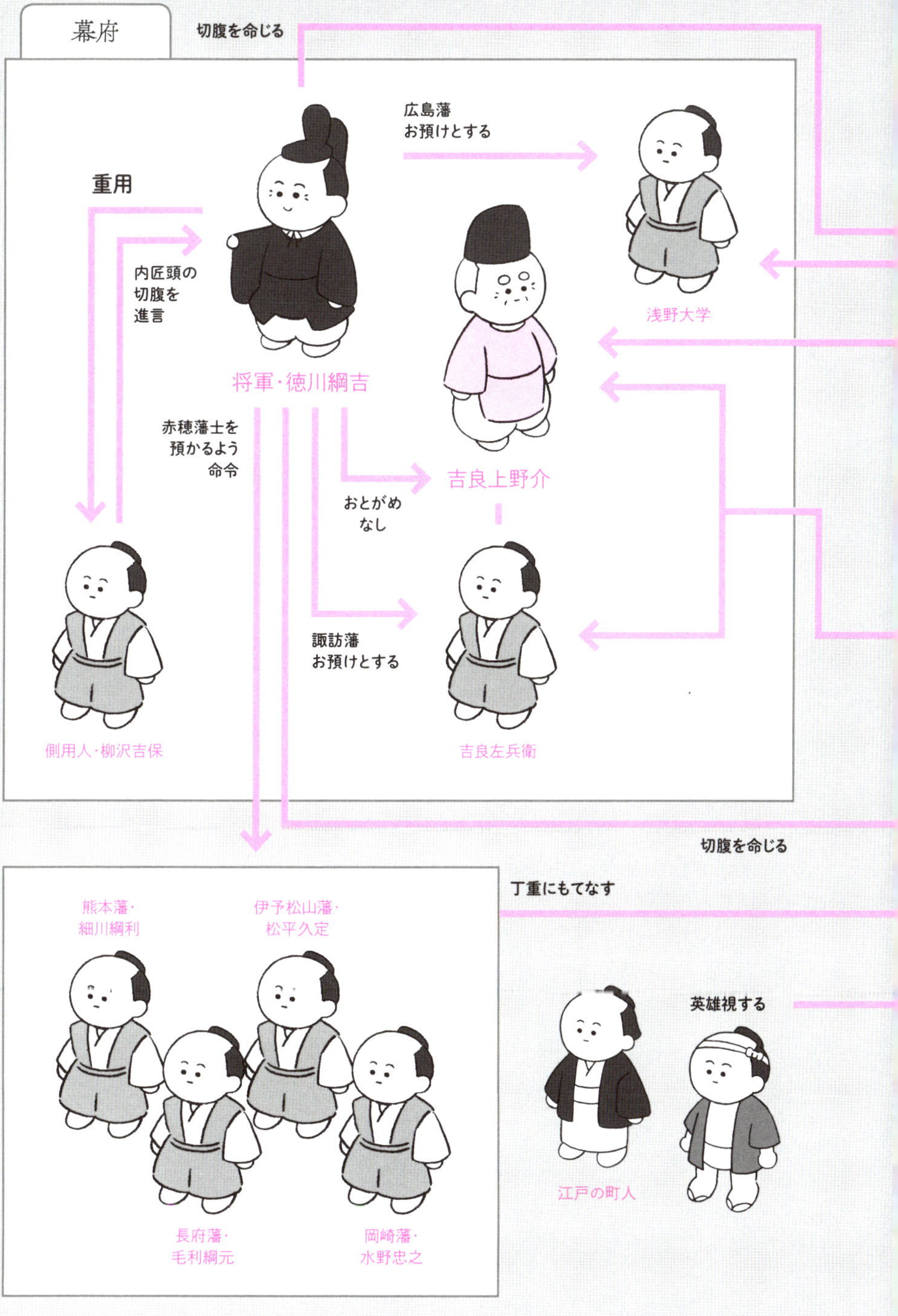
幕府
切腹を命じる
広島藩
お預けとする
重用
内匠頭の
切腹を
進言
将軍・徳川綱吉
浅野大学
赤穂藩士を
預かるよう
命令
吉良上野介
おとがめ
なし
諏訪藩
お預けとする
側用人・柳沢吉保
吉良左兵衛
切腹を命じる
丁重にもてなす
熊本藩・
細川綱利
伊予松山藩・
松平久定
英雄視する
長府藩・
毛利綱元
岡崎藩・
水野忠之
江戸の町人

「元禄」とはどのような時代？

武士に求められた「礼儀」「忠孝」

『忠臣蔵』で知られる赤穂事件が起こったのは、元禄一五年（一七〇二）のこと。江戸幕府五代将軍・徳川《とくがわ》綱吉《つなよし》（在位：一六八〇〜一七〇九年）の治世下にあたる。

江戸開府から約一〇〇年が経過したこの頃にはすでに幕藩体制が確立しており、政策の基盤も「武断《ぶだん》主義」から「文治《ぶんち》主義」への転換が図られていた。儒教を尊んだ綱吉も天和三年（一六八三）、武家諸法度の第一条を「文武弓馬《ぶんぶきゅうば》の道、専《もっぱ》ら相嗜《あいたしな》むべき事」から「忠孝をはげまし、礼儀を正すべき事」へと変更させている。つまり、この時代の武士は庶民を倫理的に導くリーダーとして、「武道」よりも「礼法」や「主君への忠」、「父祖への孝」などを備えることを求められたのである。

一方、先の大戦（大坂の陣）以来、戦は起こらず、人々は平和の世を享受することになった。農業生産や商業経済が発展し、貨幣流通も増大。その結果、高度経済成長期が到来し、京や大坂などの商業都市が大いに繁栄を遂げた。

元禄時代の主な出来事

幕府は貨幣改鋳を行ない、金貨の品質を落とした。そのため、元禄8年に100俵で28両だった米が、元禄10年には42両にまで高騰し、典型的な貨幣インフレが起きた。5キログラムの米袋に換算すると1袋は4,200円となり、かなり高額な印象だ。当時の下層の労働者の給金が安価であることを考えると、さらに米の高騰ぶりがわかる。

年号	西暦（年）	出来事
元禄元	1688	11月、徳川綱吉、柳沢吉保を側用人に任命
元禄4	1691	湯島聖堂落成
元禄7	1694	12月、柳沢吉保、老中格となる
元禄8	1695	8月、元禄小判発行 小判に含まれる金の含有量を少なくし、差益を幕府の収入とすることで財政赤字の解消をもくろんだ。だが結果的に物価の高騰を招く結果となる。
元禄13	1700	11月、金・銀・銭三貨の交換比率を「金1両＝銀60匁＝銭4貫目」とする （→P22）
元禄15	1702	12月、赤穂事件勃発

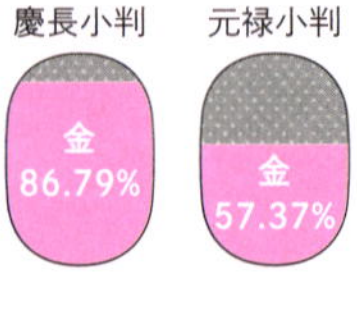
慶長小判
金
86.79%
元禄小判
金
57.37%

「北斎仮名手本忠臣蔵」

元禄時代の主な文化

17世紀末、幕政の安定に伴って貨幣経済が発展すると、主に上方の町人を担い手として多彩な文化が発達した。

儒学の興隆

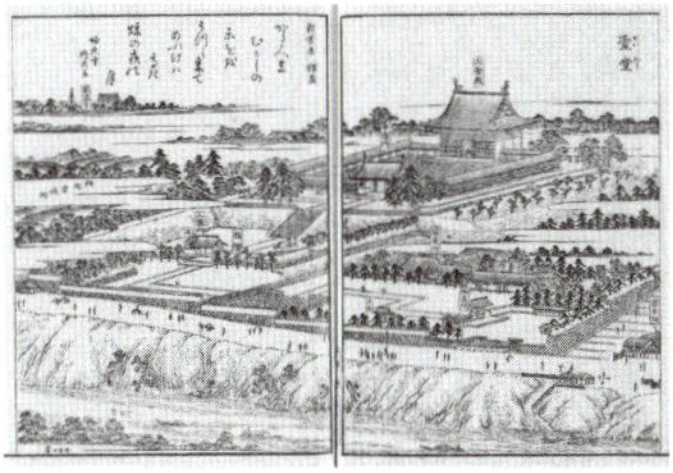

上下の君臣関係を重んじる儒学が幕府や藩に受け入れられる。上図は江戸時代の湯島聖堂。

人形浄瑠璃の発展

浄瑠璃と三味線で演じる人形劇（人形浄瑠璃）が発達。近松門左衛門が脚本を書いた『曽根崎心中』などの世話物が大ヒット。上図は『曽根崎心中』をモチーフとして描かれた『霜釖曽根崎心中』。

浮世絵の誕生

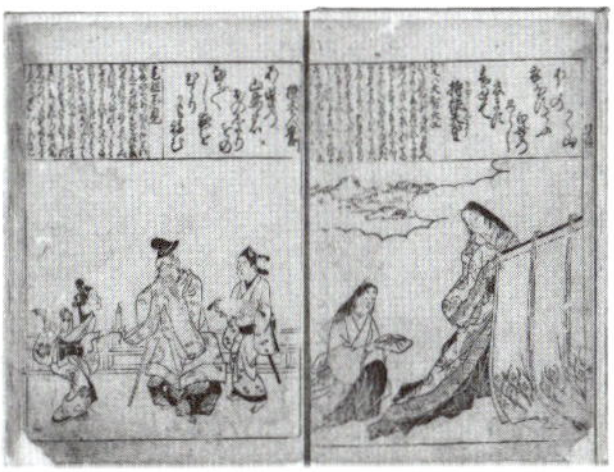

菱川師宣などが描いた庶民向けの風俗画が浮世絵と呼ばれて人気を博す。上図は元禄8年（1695）に菱川師宣が描いた『姿繪百人一首』。

俳諧の隆盛

閑さや
岩にしみ入る
蝉の声

松尾芭蕉が「蕉風俳諧」を確立。俳諧を独立した芸術へと発展させる。

庭園文化の発達

六義園（上左写真）や小石川後楽園（上右写真）など、将軍を屋敷に迎えるための趣向を凝らした庭園が大名屋敷につくられる。

江戸期の通貨制度と換算比率

江戸時代の通貨には「金貨」「銀貨」「銭貨」の3種類があった。元禄13年（1700）に「金貨1両＝銀貨60匁＝銭貨4貫目」とする換算比率が定められたが、実際は貨幣の改鋳などによって常に変動していた。

金貨（計数貨幣）

小判（1両）

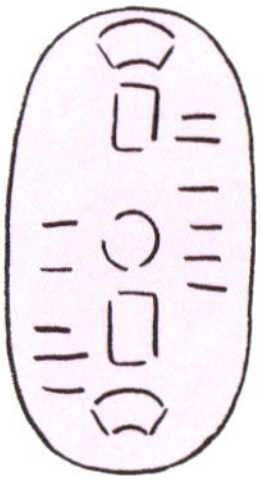

1枚

一分金

4枚

二朱金

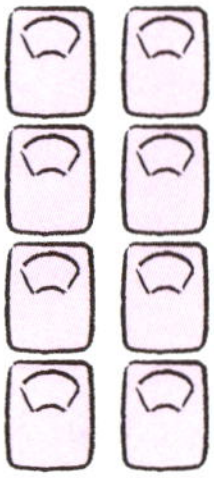

8枚

銀貨（秤量貨幣）

丁銀《ちょうぎん》・豆板《まめいた》銀

60匁《もんめ》（約225グラム）

銀貨を使うときは重さを量る

元禄時代に流通していた銀貨には丁銀と豆板銀（小玉銀）があり、銀貨を発行する銀座の責任者によって品質を保証する極印が打たれていた。ただし、重さが一定でなかったことから、使うたびに重さを量る必要があった。これを秤量（しょうりょう）貨幣という。1匁は約3.75グラム。端数は「分（ぶ・1匁の10分の1）」、「厘（りん・1匁の100分の1）」で表わした。丁銀は小玉銀を足して紙に包まれて流通していたため、実際に重さを量って使われたのは豆板銀だけだった。

銭貨（計数貨幣）

寛永通宝《かんえいつうほう》

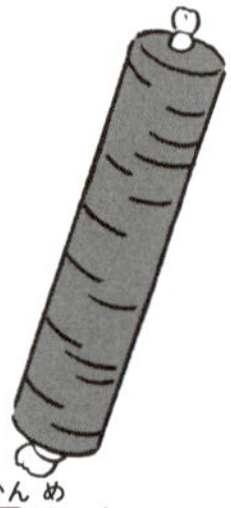

×40束

4貫目《かんめ》（4000文）

1束は96文

当時、銭貨は1文銭96枚で100文とする慣習があったため、1貫目は実質960文だった。4文は手数料としてあらかじめ差し引かれていたという。

第一章

江戸城松之廊下事件

元禄一四年 一七〇一 三月一四日

「赤穂事件」の発端

「お暇の挨拶」の日

元禄一四年三月一四日午前一一時頃、江戸城白書《しろしょ》院《いん》では五代将軍・徳川綱吉《とくがわつなよし》が京の朝廷から派遣された勅使《ちょくし》、院使《いんし》からお暇《いとま》の挨拶を受けていた。

毎年正月、幕府は朝廷に使者を派遣して年始の挨拶を行ない、朝廷は答礼の使者を派遣するというのが慣例の儀礼となっていたのである。

この儀式全般を担当したのが、高家《こうけ》の吉良上野《きらこうづけの》介義央《すけよしひさ》。そして使者の接待を浅野内匠頭長矩《あさのたくみのかみながのり》（播磨《はりま》赤穂《あこう》藩主）、伊達左京亮村豊《だてさきょうのすけむらとよ》（伊予吉田《いよよしだ》藩主）が担当した。

このとき、天皇・上皇の詔を伝える「答礼の儀」、使者の慰労のための能楽などはすでに終わっていた。あとは使者が最後のお暇の挨拶をする「公卿辞見の儀」を残すのみだったが、ここで大事件が勃発することになる。

勅使・院使の饗応

江戸時代、高家が朝廷との連絡や幕府の儀式典礼を執り仕切った。その際、3〜5万石の大名がその手伝いを命じられた。

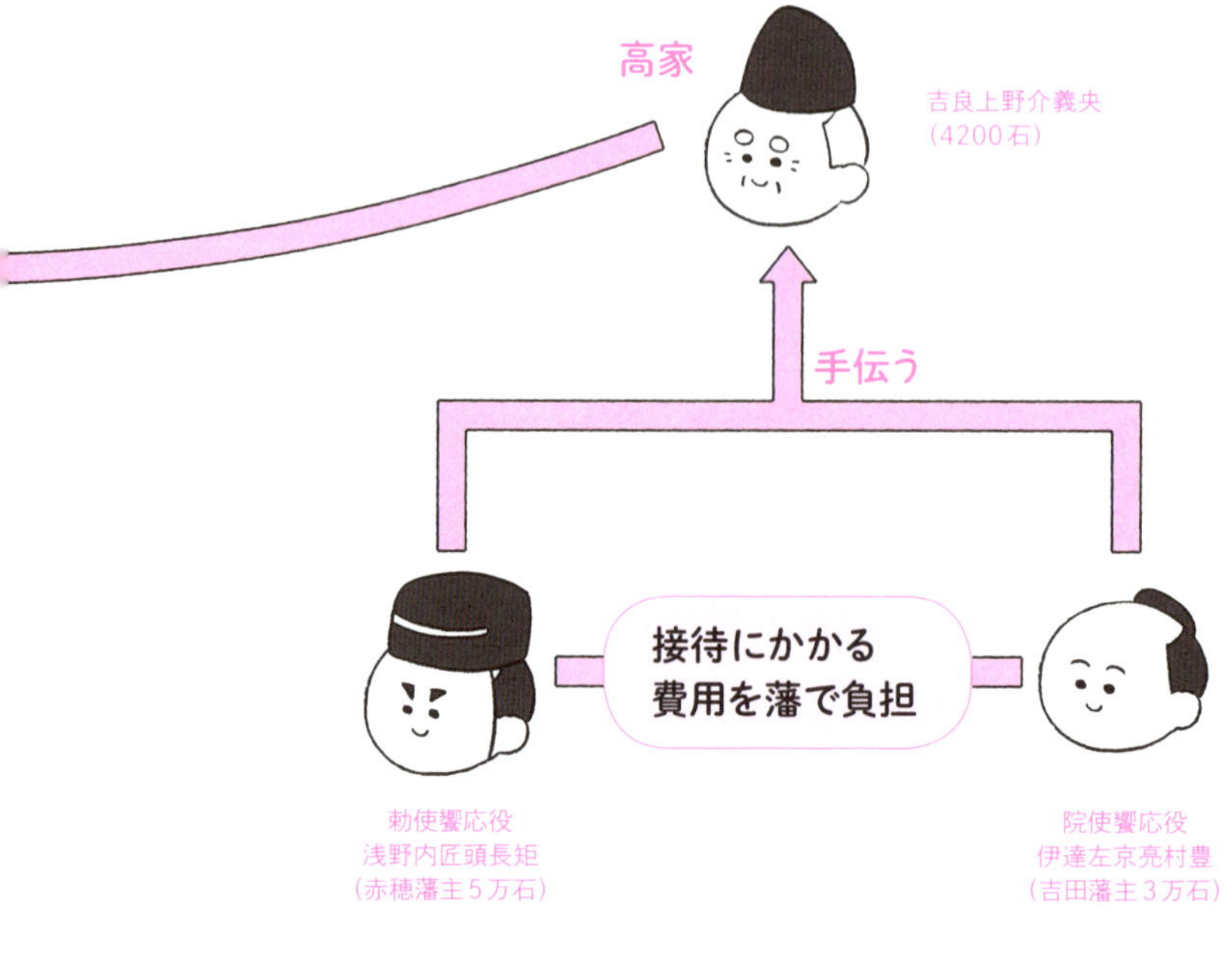
高家
吉良上野介義央
（4200石）
手伝う
接待にかかる
費用を藩で負担
勅使饗応役
浅野内匠頭長矩
（赤穂藩主５万石）
院使饗応役
伊達左京亮村豊
（吉田藩主３万石）

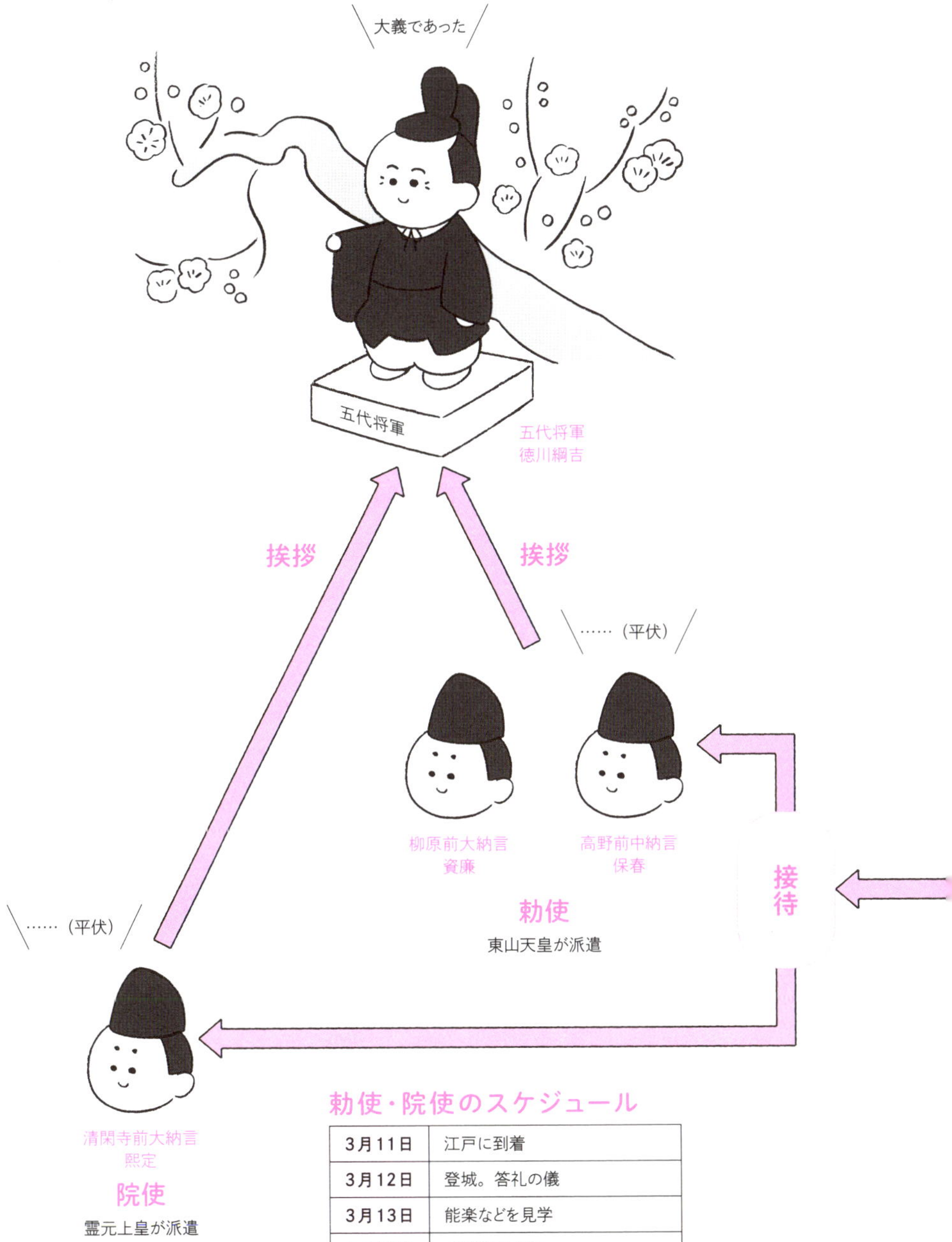

勅使・院使のスケジュール

3月11日	江戸に到着
3月12日	登城。答礼の儀
3月13日	能楽などを見学
3月14日	公卿辞見の儀

元禄一四年（一七〇一）三月一四日

松之廊下刃傷事件

白昼堂々の凶行

それは、公卿辞見の儀の最中の出来事であった。江戸城松之廊下《まつのろうか》で御留守居番《おるすいばん》・梶川与惣兵衛頼照《かじかわよそびょうえよりてる》と吉良上野介が立ち話をしていたところ、突然、浅野内匠頭が「この間の遺恨《いこん》、覚えたるか」と叫びながら上野介に斬りかかったのである。内匠頭は上野介の眉間を斬りつけ、さらに逃げようとした上野介の背中を斬りつけたところで、周囲の者に取り押さえられた。

内匠頭はなぜ突然の凶行に及んだのか。その理由については本人が何も語らなかったため、定かではない。

一説に、内匠頭は上野介に賄賂《わいろ》を贈らなかったことで儀式に必要な連絡を伝えられずに失敗を重ねたためだという。残された者の文章によれば、上野介が老中の前で内匠頭を批判するという内匠頭の面子を潰す行動があったと思われる。

殿中で起きた刃傷事件

事件の真相は定かではないが、同時代人の事件直後の日記『秋田藩家老岡本元朝日記』に上野介について「評判の横柄な人だということです。過大な進物を平気で受け、人の物を方々で欲しがってせびり取ることが多いということです」と記されているほどなので、そこに内匠頭の怒りの理由があったと思われる。

1 浅野内匠頭と吉良上野介の確執

吉良上野介は強欲な人間だったらしく、諸大名は彼に賄賂を贈ることで儀式に関わる様々な情報を入手していた。しかし浅野内匠頭は賄賂を贈ることを拒否した。内匠頭は上野介から儀礼に必要な知らせを伝えられなくなり、失敗を重ねるようになった。しまいには老中の前で恥をかかされる始末だった。

よい心がけじゃ
吉良上野介
これで教えてくだされ
諸大名

ワイロを贈って教えを賜りましょう
赤穂藩江戸家老
ぐぬぬ　吉良め…わしは絶対にワイロは送らんぞ！
浅野内匠頭

2 松之廊下刃傷事件勃発

浅野内匠頭は江戸城松之廊下で背後から吉良上野介を脇差で斬りつけるという事件を起こす。上野介と話していた梶川が、背後から内匠頭を抱き留め、その場に人も集まってきたので、内匠頭は上野介をそれ以上傷つけることはできなかった。

もっと知りたい！
忠臣蔵の話 ②

「高家」とはどのような役職？

故事や儀礼に精通していた名家

高家は江戸幕府の儀式典礼を執り仕切る役職のことであるが、もともとは「名門の家」を意味していた。高家の「高」は室町幕府初代将軍・足利高氏《あしかがたかうじ》（尊氏《たかうじ》）の「高」であり、その名のごとく、足利将軍の血筋を引いた家のことをそう呼んでいたのである。徳川家康《とくがわいえやす》が高家を取り立てたのは、彼らが故事や儀礼、儀式に精通していたためだといわれる。

吉良家は足利将軍家の連枝《れんし》で、将軍継承権を有するほどの名門だった。吉良上野介義央の曽祖父・義《よし》定《さだ》の時代に三二〇〇石を与えられて高家とされ、以降、役職は世襲で受け継がれた。

上野介が初めて高家の勤めを行なったのは、一九歳のときであった。以来、勅使や院使の接待、将軍の名代《みょうだい》としての朝廷への使者、伊勢神宮や日光東照宮などへの将軍の代参などを勤めた。元禄四年（一六九一）に高家肝煎《きもいり》の畠山義里《はたけやまよしさと》が、元禄一〇年（一六九七）に奥高家の大沢基恒《おおさわもとつね》が没すると、上野介は高家筆頭として絶対的な立場を獲得した。

吉良上野介義央略系図

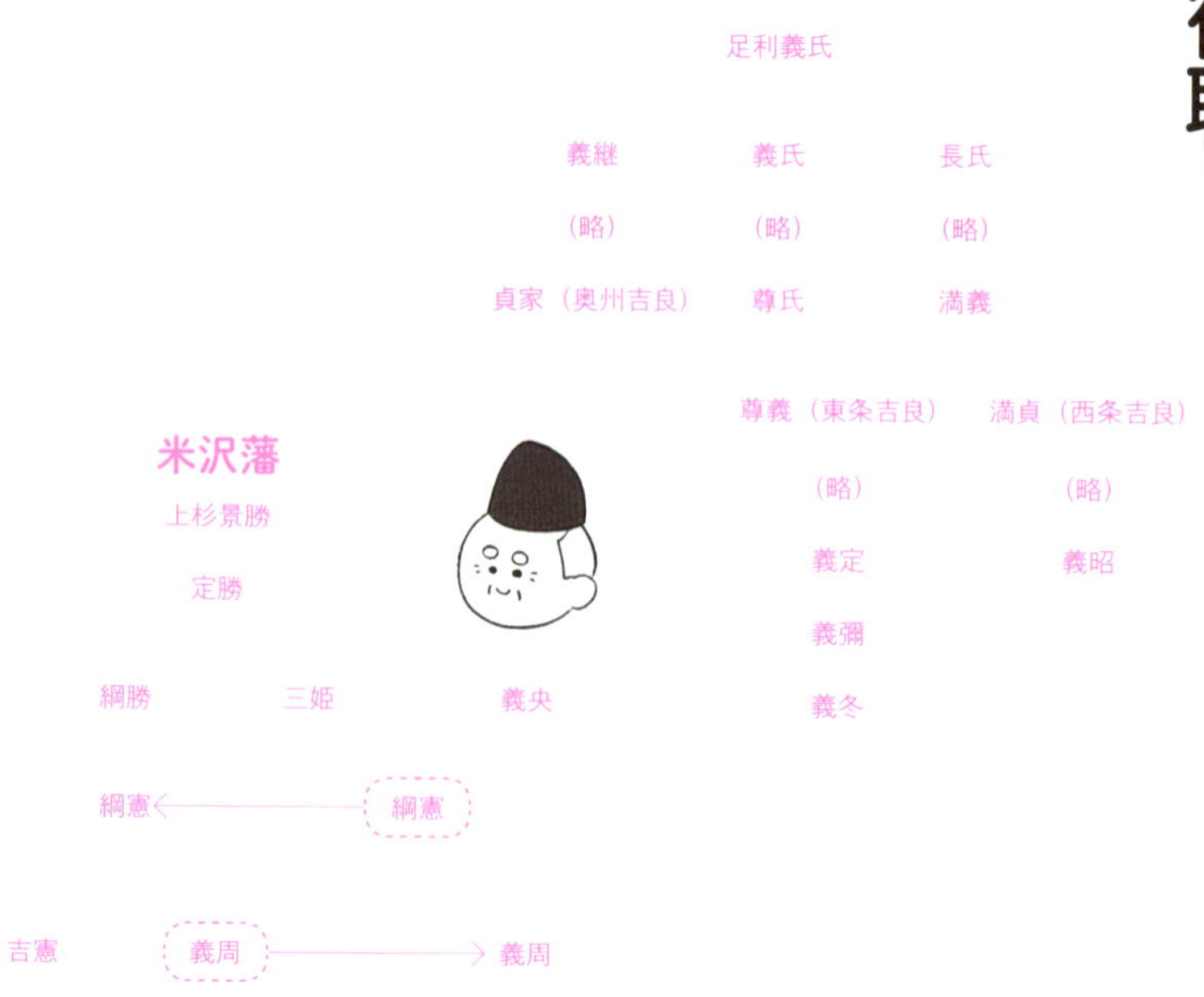

赤穂事件当時の幕閣組織

将軍

徳川綱吉

若年寄

加藤越中守明英
(壬生藩 2.5 万石)
本多伯耆守正永
(舟戸藩 1.5 万石)
稲垣対馬守重富
(刈屋藩 2 万石)
井上大和守正岑
(亀山藩 4.7 万石)

寺社奉行

永井伊賀守直敬
(烏山藩 3 万石)
松平丹後守重栄
(杵築藩 3.2 万石)
阿部飛騨守正喬
(阿部正武嫡男)
青山播磨守幸督
(尼崎藩 4.8 万石)
本田弾正少弼忠晴
(伊保藩 1 万石)

側用人

柳沢出羽守吉保
(川越藩 9 万 2030 石)
松平右京大夫輝貞
(高崎藩 6.2 万石)

老中

阿部豊後守正武
(忍藩 5 万石)
土屋相模守政直
(土浦藩 6.5 万石)
小笠原佐渡守長重
(岩槻藩 5 万石)
秋元但馬守喬知
(谷村藩 3 万石)
稲葉丹後守正通
(佐倉藩 10.2 万石)

勘定奉行

井戸対馬守良弘
(元禄 15 年 11 月 28 日より留守居)
荻原近江守重秀
(2600 石)
久貝因幡守正方
(5000 石)
戸川備前守安広
(3000 石)
中山出雲守時春
(1500 石)

町奉行

松前伊豆守嘉広
(1600 石)
保田越前守宗郷
(4500 石)
丹羽遠江守長守
(1500 石)

大目付

仙石伯耆守久尚
(1000 石)
安藤筑後守重玄
(1400 石)
溝口摂津守宣就
(元禄 14 年 11 月 28 日より留守居)
庄田下総守安利
(2600 石)
近藤備中守用章
(3000 石)
折井淡路守正辰
(1200 石)

留守居

松平主計頭近鎮
(2500 石)
水野長門守忠顕
(6000 石)
村越伊予守直成
(2200 石)
溝口摂津守宣就
(6000 石)
一柳土佐守末礼
(小野藩 1 万石)
井戸対馬守良弘
(3040 石)

高家

吉良上野介義央
(4200 石)
品川豊前守伊氏
(1000 石)
大友近江守義孝
(1000 石)
畠山民部大輔基玄
(5000 石)
畠山下総守義寧
(3120 石)

※『寛政重修諸家譜』より

元禄一四年（一七〇一）三月一四日

吉良・浅野の事情聴取

双方の言い分

刃傷事件後、吉良上野介は治療のために御医師之《おいしの》間《ま》（医師溜《だまり》）のほうへ連れていかれた。一方、浅野内匠頭は大広間から柳之間へと連行され、目付の監視下に置かれた。

その後、幕府は関係者への事情聴取を開始する。まずは、事件を間近で目撃した梶川与惣兵衛である。老中・阿《あ》部《べ》豊後守《ぶんごのかみ》正武《まさたけ》（武蔵忍《おし》藩主）ら四人と若年寄、大目付衆が一同に会す中、梶川は事件の一部始終を報告した。このとき梶川は、阿部から「上野介が脇差に手をかけたり、抜き合わせたりしなかったか」と尋ねられている。

これは、非常に重要な問題だった。当時は「喧嘩両成敗」が天下の大法であり、喧嘩をした者はどちらも切腹が命じられたためである。しかし上野介は脇差を抜かずに逃げただけだったので、幕府はこの事件を喧嘩としては扱わなかった。

事件の当事者である内匠頭と上野介には、目付が事情聴取にあたった（→P31）。

梶川与惣兵衛の証言

事件後、現場にいた梶川与惣兵衛は老中らに呼び出され、次のように証言した。

老中
阿部豊後守正武ら

吉良の傷はどの程度であったか

旗本
梶川与惣兵衛

2、3か所斬られていますが、深手ではございません

吉良は刀に手をかけたか、抜き合わせはしなかったか

吉良は刀に手をかけてはおりません

老中はこの事件を「喧嘩」とは見なさなかった。
その後、梶川は血のついた服を着替え、予定通り、伝奏衆への御使番の任務にあたった。

浅野・吉良お互いの言い分

事件後、二人が目付に語った言い分は以下の通りである。

浅野内匠頭の事情聴取

殿中という場所をわきまえずに事件を起こしたのはいったいなぜか

目付
多門伝八郎重共

上様に対する恨みなどはまったくない。吉良への恨みから頭に血がのぼって行なったものである。いかなる咎めを命じられようと何も言える立場ではないが、ただただ吉良を討ち損じたことだけが残念である

浅野内匠頭

吉良のその後の様子はどうか

傷は浅いが、何分老齢なので全治は難しいのではないだろうか

目付
近藤平八郎重興

(笑みを浮かべる)

吉良上野介の事情聴取

いったいどのような恨みを買って斬りつけられることになったのか、思い当たるところを申されよ

目付
久留十左衛門正清

目付
大久保権左衛門忠鎮

私には何の恨みを受ける覚えはない。浅野殿が乱心したのであろう。ほかに申し上げることは何もない

吉良上野介

上野介の治療を担当した外科医・栗崎道有の日記によると、額に受けた傷は3寸6分(約13.6センチメートル)。骨にも少し傷がついたという。背中の傷は浅かったが、3針縫ったと伝わる。

元禄一四年（一七〇一）三月一四日

下された幕府の裁定

綱吉、内匠頭に切腹を命じる

殿中で刃傷事件を起こした浅野内匠頭は、裁定が下されるまでの間、田村右京大夫建顕《たむらうきょうのだいぶたけあき》（陸奥一関《むついちのせき》藩主）の屋敷に預けられることになった。

午後三時頃、田村家より内匠頭受け取りの駕籠《かご》が江戸城に到着する。内側から板を打ちつけて扉に錠をかけ、さらにその上から縄編みをかけた駕籠に乗せられた内匠頭は平川門《ひらかわもん》（死者や罪人用の不浄門）から江戸城を出され、田村家へ護送された。

一方、将軍・綱吉は、大切な儀礼の日に勅使饗応役が刃傷事件を起こしたという不祥事に怒り心頭だった。そこで内匠頭には即日切腹を命じる。それに対して吉良上野介はお咎《とが》めなしとし、「大切に養生せよ」と申し渡した。

この幕府の「片落ち」の裁定がのち赤穂浪士の討ち入りへとつながるわけであるが、このとき、幕府内でも目付から「もっと詳細な調査をするべきである」という異議の声が上がっていたという。しかし、この申し立てが容れられることはなかった。

護送される浅野内匠頭

平川門
当時、平川門は死者や罪人を城外に出す門として利用されており、「不浄門」とも呼ばれた。この門を生きて出た罪人は内匠頭と、大奥年寄・絵島だけだったという。
浅野内匠頭の護送ルート
浅野内匠頭は田村右京大夫が手配した駕籠に乗せられ、愛宕下の一関藩上屋敷へと運ばれた。
平川門
大手門
江戸城
呉服橋
伝奏屋敷
八重洲河岸
鍛冶橋
吉良上野介邸
外桜田門
日比谷門
一関藩上屋敷
浅野内匠頭が収容された部屋は、襖を釘づけにし、そのうえに板を打ちつけるなど外には出られないようなつくりとなっていた。
吉良上野介邸
治療後、吉良上野介は平川門から出ると、浅野家の家臣に見つからぬよう、駕籠に乗って自邸に戻った。
田村右京大夫屋敷

浅野内匠頭に下された処分

1 幕府が裁定を下す

幕府は刃傷事件を起こした浅野内匠頭に切腹を申しつける一方で、吉良上野介はお咎めなしとした。

2 目付が幕府の裁定に異議を唱える

目付は幕府が下した裁定を「片落ちの仕置」であると判断。再度取り調べを行なうよう異議を申し立てたが、聞き容れられなかったという（『多門伝八郎覚書』による）。

3 幕府が上野介への治療方針を変更

当初幕府は、事件が内匠頭の乱心によると考えたため、上野介への治療を幕府負担で行なうよう取り計らった。しかし目付の主張などから内匠頭の乱心ではないと捉えられるようになったため、治療方針が転換されたという。

元禄一四年（一七〇一）三月一四日

浅野内匠頭の切腹

内匠頭、最期の時

一四日午後四時頃、幕府の検使（切腹を見届ける役）として、大目付・庄田《しょうだ》下総守《しもうさのかみ》安利《やすとし》、目付・大久保《おおくぼ》権左衛門《ごんざえもん》忠鎮《ただしげ》、多門《おかど》伝八郎《でんぱちろう》重共《しげとも》が田村邸を訪れ、内匠頭に綱吉の命を伝えた。

「その方は恨みがあるということで吉良上野介を理不尽に斬りつけ、殿中をも憚《はばか》らず、時節柄と申し、重ね重ね不届き至極《しごく》である。これにより、切腹を命じる」

このとき、内匠頭は切腹と申し渡されたことに安堵したのであろう、「切腹を命じていただき、ありがたく存じ奉ります」と返答している。内匠頭の犯した罪を考えると、打ち首という武士としては屈辱的な処罰でもおかしくはなかった。だが幕府は、武士としての名誉を保つことができる切腹を許したのである。

午後六時過ぎ、内匠頭は田村邸出会之間の庭に設えられた切腹の場で三五年の生涯を終えた。

浅野内匠頭の遺言

浅野内匠頭は切腹前、番人に対して家臣の片岡源五右衛門と礒貝十郎左衛門に言伝を頼んだ。それによると、内匠頭が事前に吉良上野介を殺害しようと計画していなかった様子がわかる。

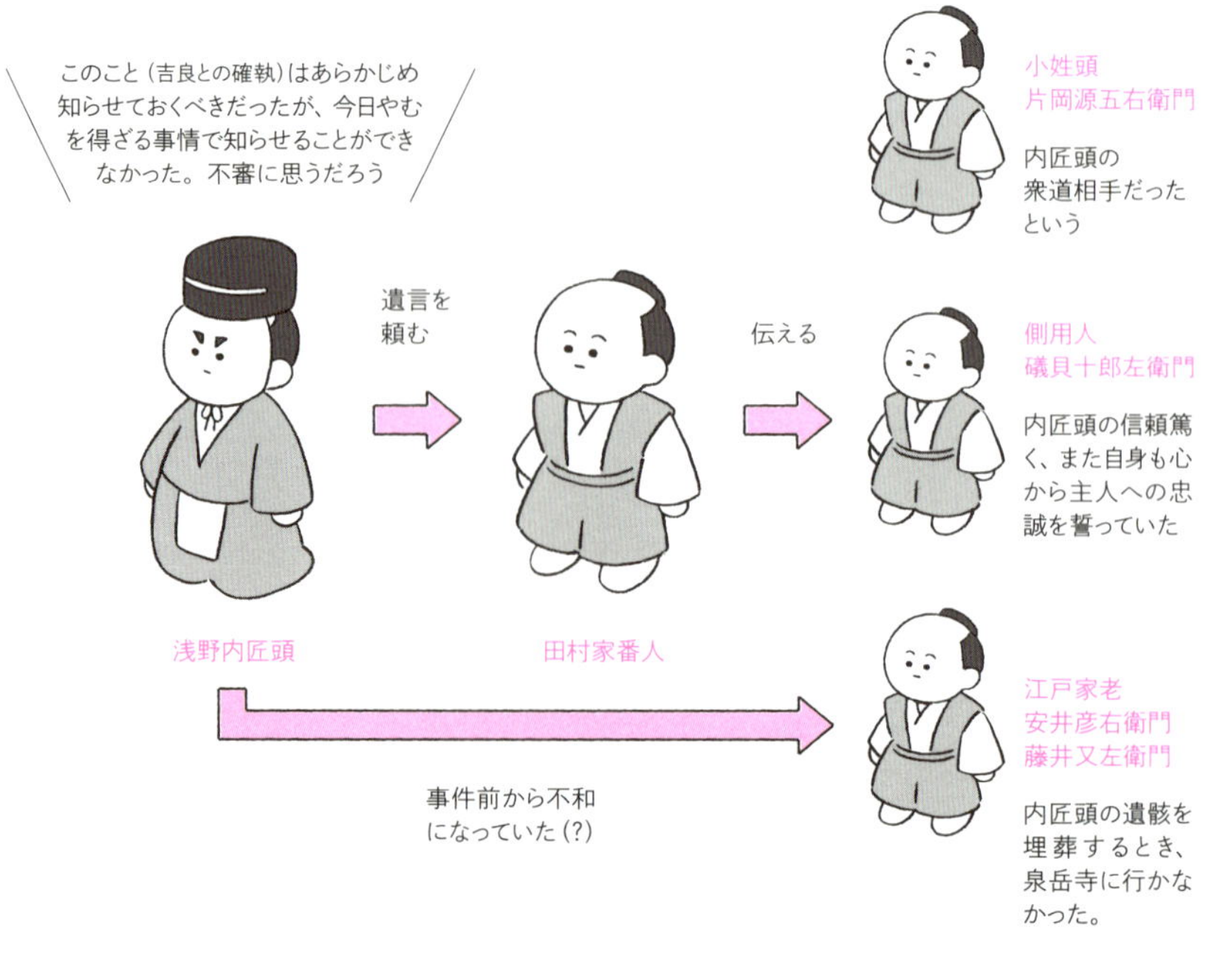
このこと（吉良との確執）はあらかじめ知らせておくべきだったが、今日やむを得ざる事情で知らせることができなかった。不審に思うだろう
遺言を頼む
伝える
浅野内匠頭
田村家番人
小姓頭
片岡源五右衛門
内匠頭の衆道相手だったという
側用人
礒貝十郎左衛門
内匠頭の信頼篤く、また自身も心から主人への忠誠を誓っていた
江戸家老
安井彦右衛門
藤井又左衛門
内匠頭の遺骸を埋葬するとき、泉岳寺に行かなかった。
事件前から不和になっていた（?）

浅野内匠頭の最期

元禄14年3月14日、浅野内匠頭は田村家の庭先に設けられた切腹場において最期の時を迎えた。

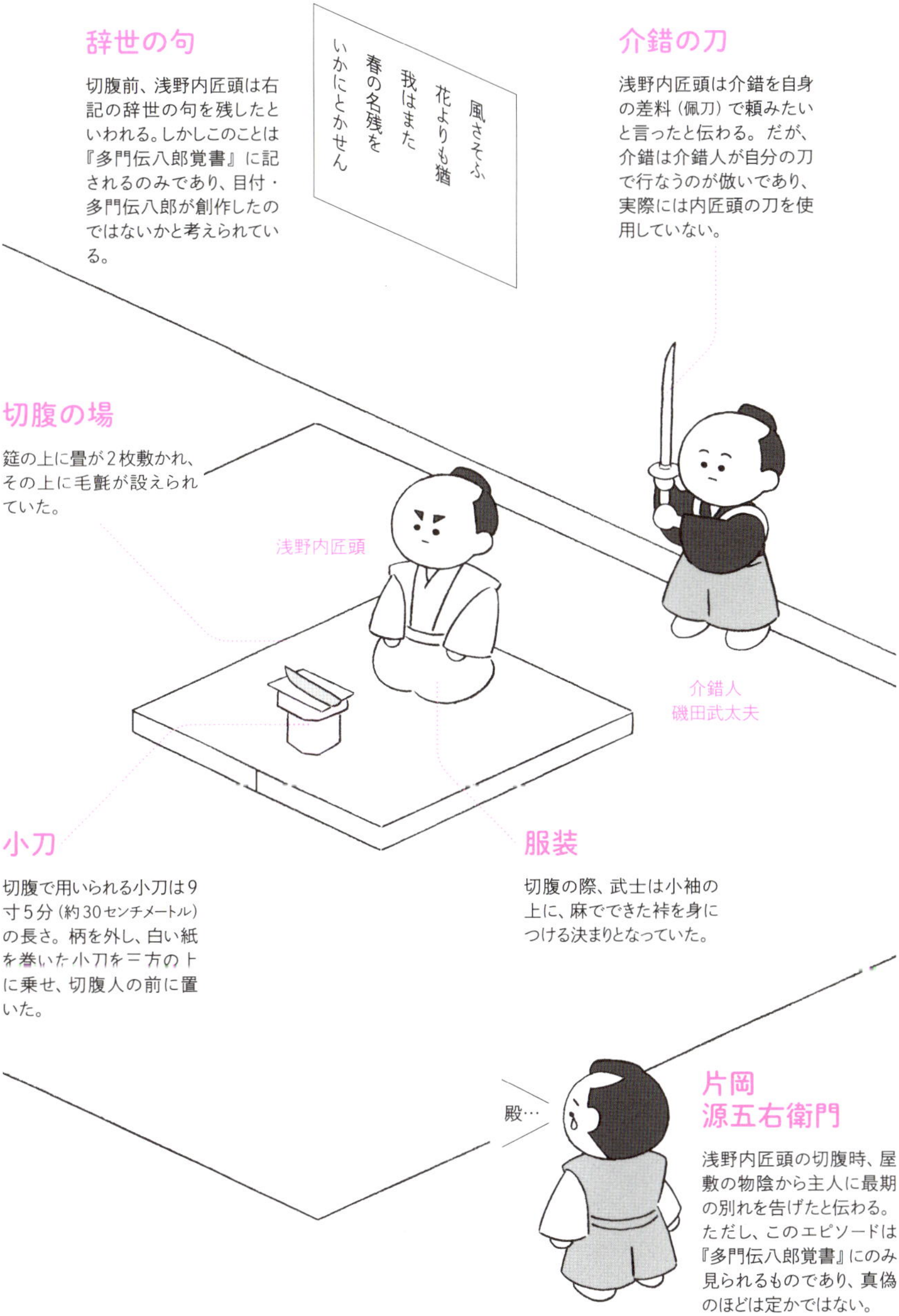
風さそふ
花よりも猶
我はまた
春の名残を
いかにとかせん
浅野内匠頭
介錯人
磯田武太夫
殿…

辞世の句

切腹前、浅野内匠頭は右記の辞世の句を残したといわれる。しかしこのことは『多門伝八郎覚書』に記されるのみであり、目付・多門伝八郎が創作したのではないかと考えられている。

介錯の刀

浅野内匠頭は介錯を自身の差料（佩刀）で頼みたいと言ったと伝わる。だが、介錯は介錯人が自分の刀で行なうのが倣いであり、実際には内匠頭の刀を使用していない。

切腹の場

筵の上に畳が2枚敷かれ、その上に毛氈が設えられていた。

小刀

切腹で用いられる小刀は9寸5分（約30センチメートル）の長さ。柄を外し、白い紙を巻いた小刀を三方の上に乗せ、切腹人の前に置いた。

服装

切腹の際、武士は小袖の上に、麻でできた裃を身につける決まりとなっていた。

片岡源五右衛門

浅野内匠頭の切腹時、屋敷の物陰から主人に最期の別れを告げたと伝わる。ただし、このエピソードは『多門伝八郎覚書』にのみ見られるものであり、真偽のほどは定かではない。

切腹の作法
自身の名誉を回復させる手段

切腹とは、武士の名誉に関わる事態が発生したとき、自身の名誉を回復する、あるいは自らの恥を雪《すす》ぐなどのために行なわれた礼法上の作法のことである。すでに平安時代末期、武士の死に方として切腹が一般化していたというが、それが「名誉の死」と見られるようになったのは戦国時代のこと。さらに江戸時代に入ると、切腹の細かな作法が定められた。

切腹の大まかな流れは、以下の通りである。切腹をする武士は、まず白小袖《しろこそで》に浅黄色《あさぎいろ》の裃《かみしも》をまとう。そして切腹の場に設えられた畳に上がり、紙に包んだ脇差を載せた三方《さんぼう》を付添役人から受け取ると、上衣を帯元まで脱ぎ下げ、上裸となった。このとき、後ろ向きに倒れることがないよう、両袖は膝の下に敷き込んだ。武士たる者、死ぬときは前に伏すべしとされていたためである。その後、脇差を自らの腹に突き刺したのち、介錯人が速やかにその首を斬り落とした。

切腹の変遷

切腹の起源は平安時代にまでさかのぼるというが、一つの刑罰として確立したのは江戸時代になってからのことだった。

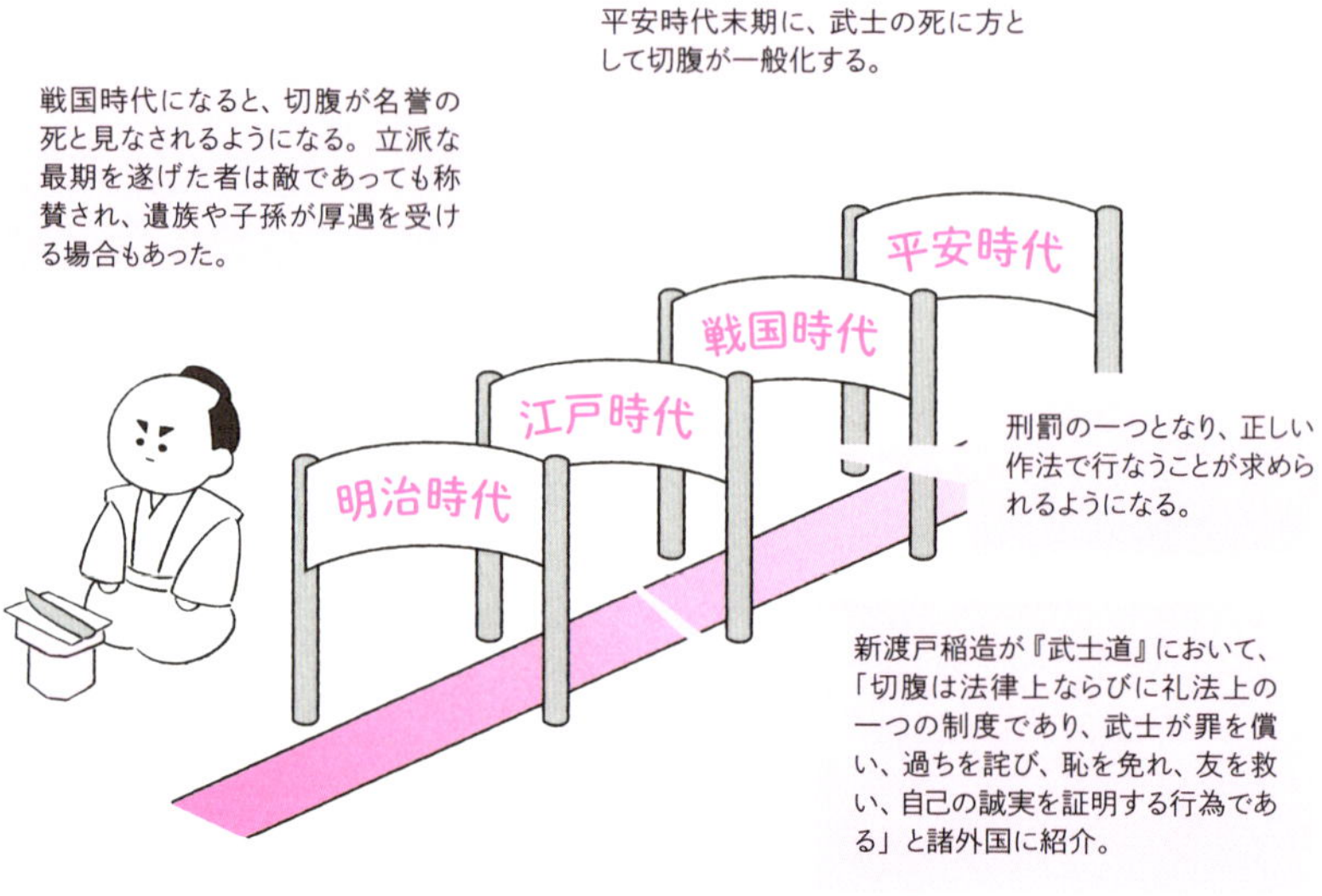
平安時代末期に、武士の死に方として切腹が一般化する。
戦国時代になると、切腹が名誉の死と見なされるようになる。立派な最期を遂げた者は敵であっても称賛され、遺族や子孫が厚遇を受ける場合もあった。
平安時代
戦国時代
江戸時代
明治時代
刑罰の一つとなり、正しい作法で行なうことが求められるようになる。
新渡戸稲造が『武士道』において、「切腹は法律上ならびに礼法上の一つの制度であり、武士が罪を償い、過ちを詫び、恥を免れ、友を救い、自己の誠実を証明する行為である」と諸外国に紹介。

身分で異なっていた畳の敷き方

切腹は武士階級にのみ与えられた特権であるが、同じ武士であっても身分によって切腹時のルールに多少の差異があった。

切腹人
武士は「罪をつぐなう」「自身の誠実さを証明する」「己の名誉を取り戻す」などの理由で切腹した。
介錯人
切腹人が苦しむことのないよう、腹を斬った瞬間に首を斬り落とす。切腹人の一族、もしくは友人が務めるのが一般的だった。

身分別畳の敷き方

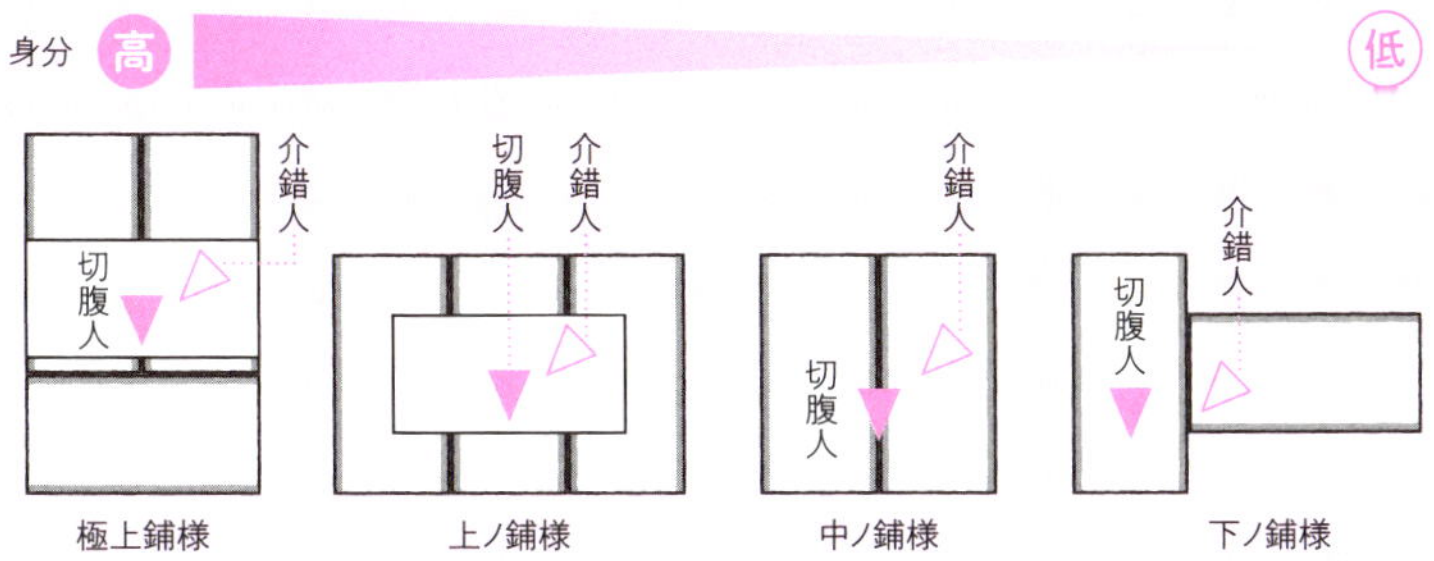
身分
高
低
介錯人
切腹人
極上鋪様
切腹人
介錯人
上ノ鋪様
介錯人
切腹人
中ノ鋪様
介錯人
切腹人
下ノ鋪様

元禄一四年 一七〇一 三月一五日

浅野内匠頭の埋葬

身内にも処罰が下る

浅野内匠頭の遺骸については、親類へ引き渡すよう、幕府から沙汰が下された。そこで田村右京大夫は内匠頭の弟・大学長広《だいがくながひろ》に「早々に遺骸を引き取るよう」連絡。これを受け、赤穂藩用人《ようにん》・糟谷勘右衛《かすやかんえ》門《もん》、江戸御留守居役・建部喜内《たけべきない》、側用人・片岡源五《かたおかげんご》右衛門《えもん》、田中貞四郎《たなかさだしろう》、礒貝十郎左衛門《いそがいじゅうろうざえもん》、小納戸役・中村清右衛門《なかむらせいえもん》の六人は一四日午後一〇時過ぎにひっそりと田村邸を訪い、内匠頭の遺骸と小さ刀、大紋、鼻紙、烏帽子を受領。一五日、浅野家の菩提寺である泉岳寺《せんがくじ》へと運び、手厚く葬った。

内匠頭の咎《とが》は、身内にも及んだ。

内匠頭の後室である阿久里《あぐり》は夫の事件を受けて一四日夜の内に剃髪し、瑤泉院《ようぜんいん》と号した。一五日午前四時頃には、実家の備後国三次《みよし》藩浅野土佐守長澄《とさのかみながすみ》の下屋敷へと引き取られている。

大学長広には、閉門が命じられた。文字のごとく、屋敷の表門を閉じて外出を禁ずる刑罰である。長広の処罰は元禄一五年七月一八日まで続いた。

浅野内匠頭家への処分

浅野内匠頭が起こした刃傷事件に対し、幕府は内匠頭の弟・大学長広にも「閉門」という重い処罰を下した。

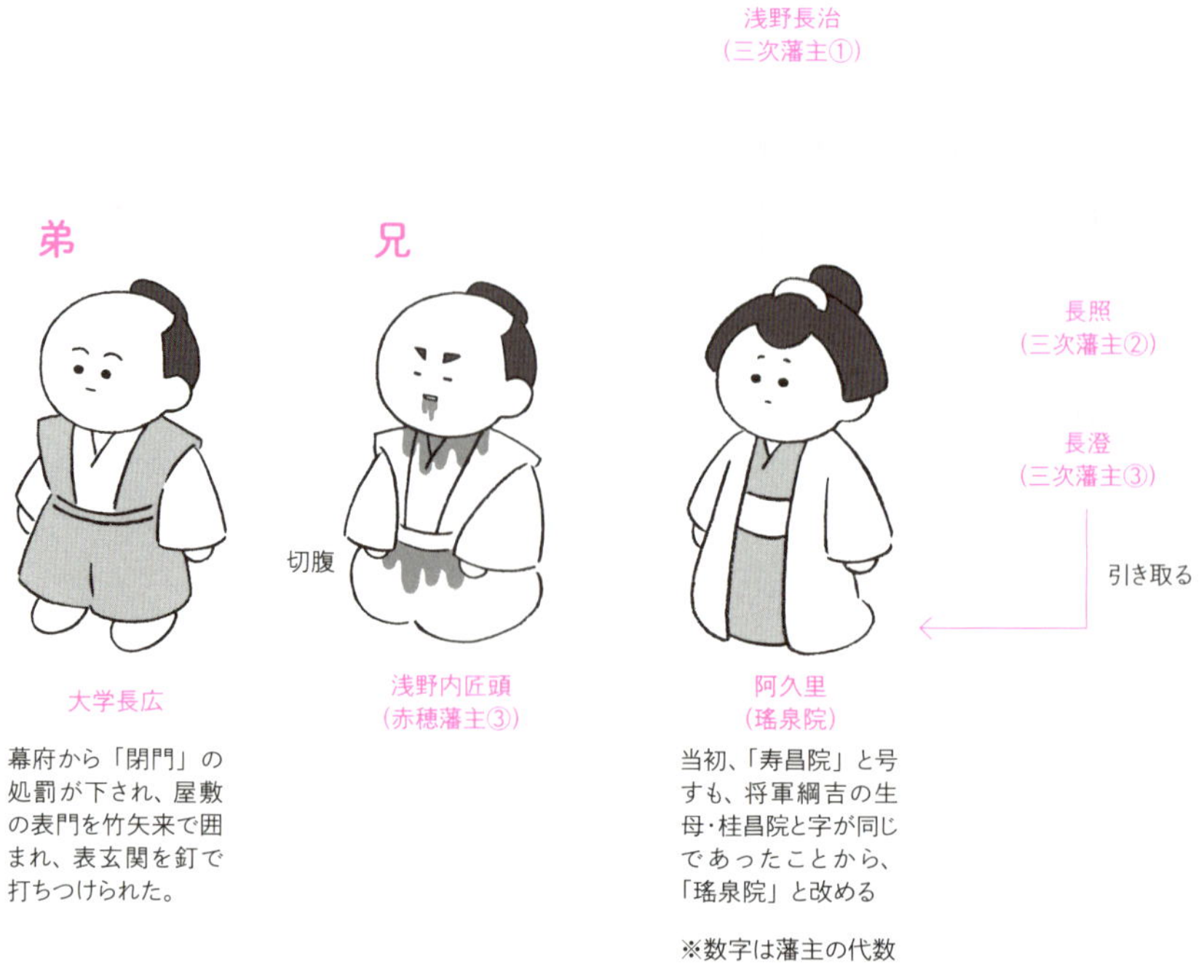

浅野長治
(三次藩主①)
弟
兄
長照
(三次藩主②)
長澄
(三次藩主③)
引き取る
切腹
大学長広
幕府から「閉門」の処罰が下され、屋敷の表門を竹矢来で囲まれ、表玄関を釘で打ちつけられた。
浅野内匠頭
(赤穂藩主③)
阿久里
(瑤泉院)
当初、「寿昌院」と号すも、将軍綱吉の生母・桂昌院と字が同じであったことから、「瑤泉院」と改める
※数字は藩主の代数

泉岳寺に葬られた浅野内匠頭

田村家の屋敷で切腹した内匠頭の遺骸は浅野家の家臣の手によって引き上げられ、浅野家の菩提寺・泉岳寺に埋葬された。

1 浅野内匠頭の遺骸引き取りを要請

浅野内匠頭の切腹後、幕府は近日中に遺骸を親類へ引き渡すよう、田村家に命じる。それを受け、田村右京大夫建顕は内匠頭の弟・長広に遺骸引き取りを要請する書状を送った。

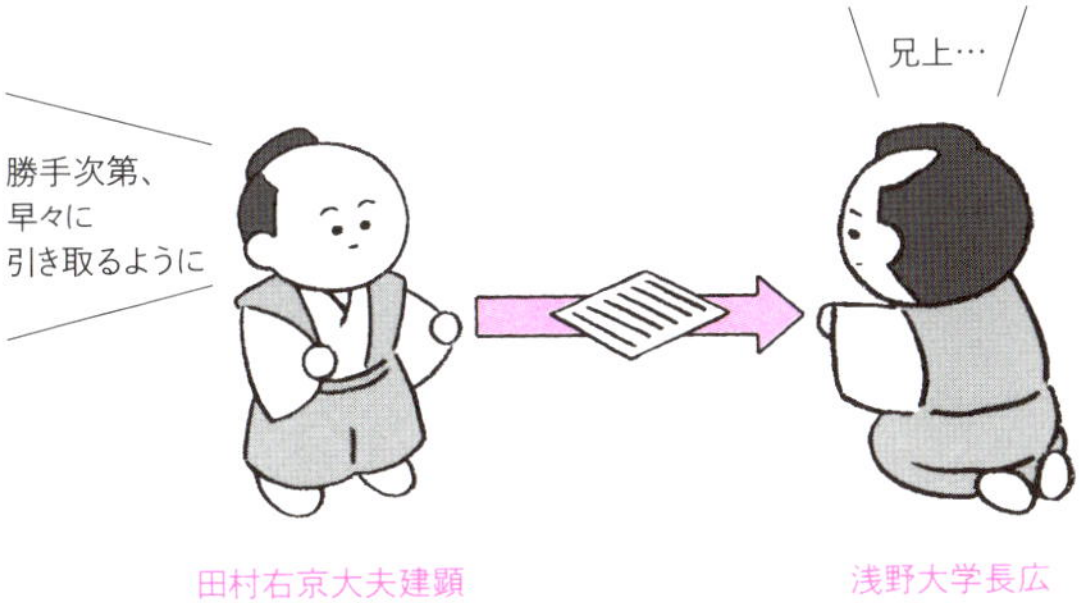

2 浅野家臣、遺骸を引き取る

田村家からの要請を受け、浅野内匠頭の家臣は夜4ツ（午後10時）過ぎに田村家を訪うと、主君の遺骸と遺物を受領した。

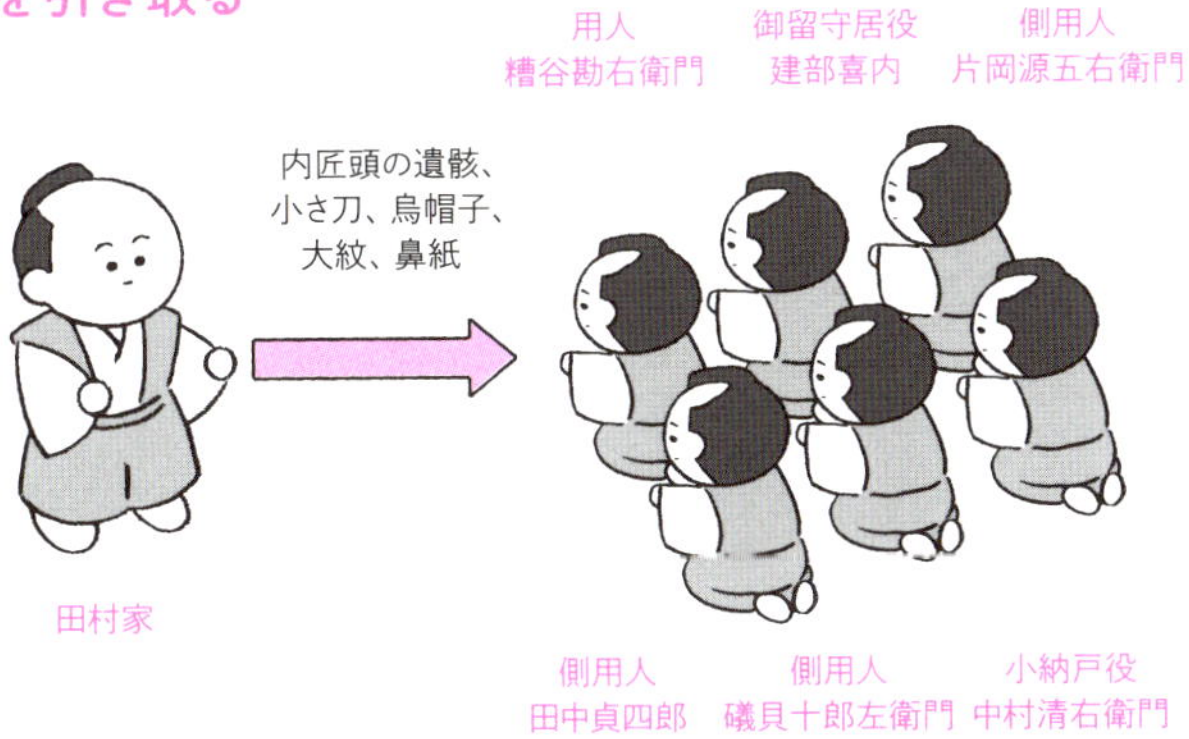

3 浅野内匠頭を泉岳寺に埋葬する

浅野内匠頭の遺骸は、浅野家家臣の手で浅野家の菩提寺・泉岳寺に運ばれ、静かに埋葬された。このとき、片岡源五右衛門、田中貞四郎、礒貝十郎左衛門、中村清右衛門の４人は落髪して殉死になぞらえた。

赤穂藩江戸屋敷の収公

元禄一四年〔一七〇一〕三月一七日

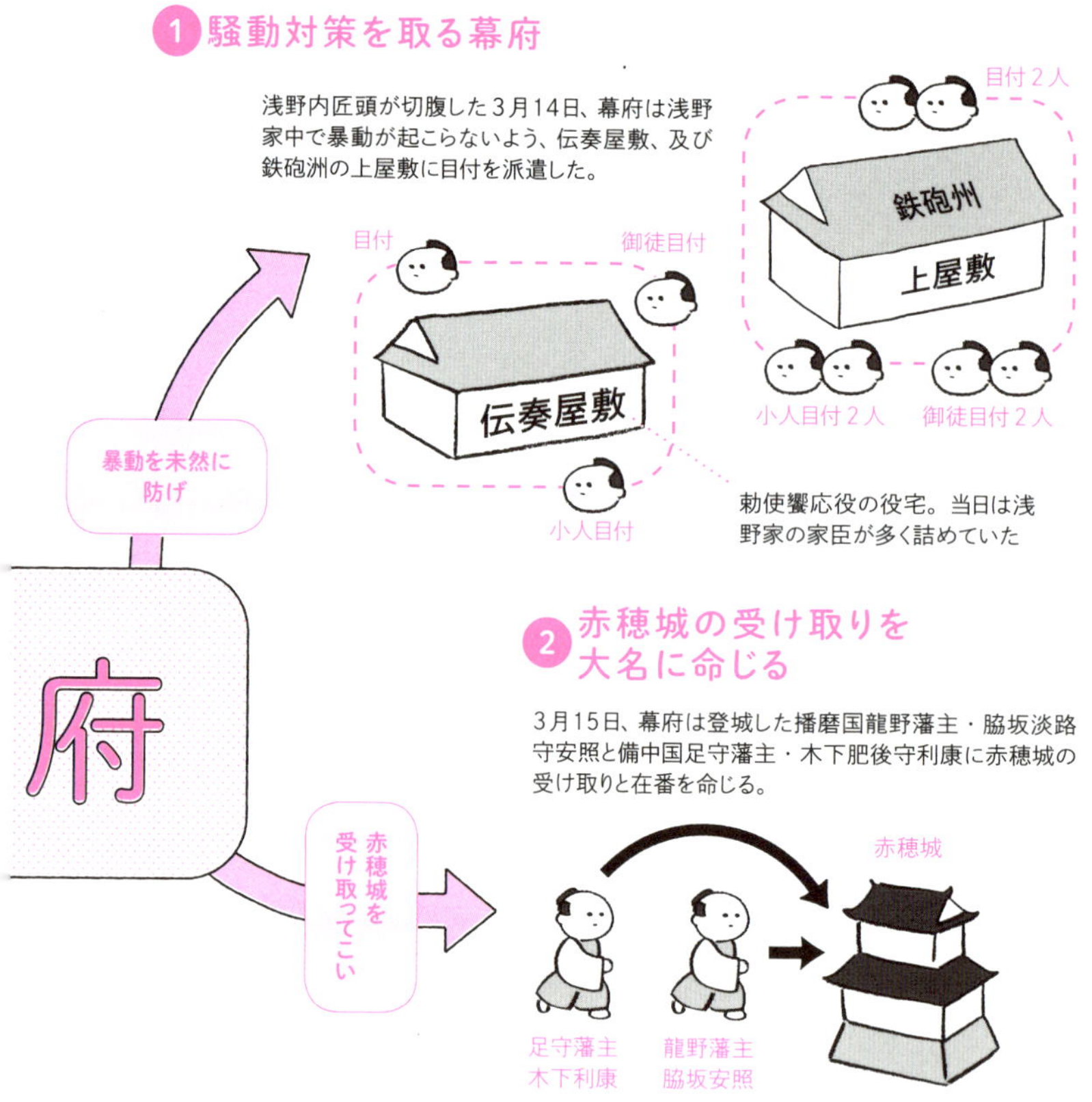

1 騒動対策を取る幕府
浅野内匠頭が切腹した3月14日、幕府は浅野家中で暴動が起こらないよう、伝奏屋敷、及び鉄砲洲の上屋敷に目付を派遣した。
目付2人
鉄砲州
上屋敷
目付
御徒目付
伝奏屋敷
小人目付2人
御徒目付2人
暴動を未然に防げ
小人目付
勅使饗応役の役宅。当日は浅野家の家臣が多く詰めていた
府
2 赤穂城の受け取りを大名に命じる
3月15日、幕府は登城した播磨国龍野藩主・脇坂淡路守安照と備中国足守藩主・木下肥後守利康に赤穂城の受け取りと在番を命じる。
赤穂城
赤穂城を受け取ってこい
足守藩主
木下利康
龍野藩主
脇坂安照

退去を余儀なくされる赤穂藩士

三月一四日、赤穂浅野家の改易《かいえき》（取り潰し）に伴い、幕府は赤穂藩の家臣らが詰めていた勅使饗応役の役宅である伝奏屋敷、江戸屋敷、及び赤穂城の引き払いを命じた。屋敷地は幕府が各大名に貸し与えていたものだったためである。

幕府の定例の登城日にあたる一五日、幕府は赤穂藩近隣の播磨《はりま》国龍野《たつの》藩主・脇坂淡路守安照《わきさかあわじのかみやすてる》、備中《びっちゅう》国足守《あしもり》藩主・木下肥後守利康《きのしたひごのかみとしやす》の二人に赤穂城の受け取りと在番を命じた。また、使番・荒木十左衛門政《あらきじゅうざえもんまさ》羽《は》と書院番士・榊原采女政殊《さかきばらうねめまさよし》を赤穂城受け取りの上使に任命した。

江戸屋敷に詰めていた赤穂藩の家臣らのほとんどは一五日中に町屋の借宅へと移った。そして鉄砲洲にあった上屋敷は一七日に戸沢上総介正誠《とざわかずさのすけまさのぶ》（出羽新《でわしん》庄《じょう》藩主）、赤坂の中屋敷は一八日に相良遠江守頼喬《さがらとおとうみのかみよりたか》（肥後人吉《ひごひとよし》藩主）、本所の下屋敷は二二日に加藤遠江守泰恒《やすつね》（伊予大洲《いよおおず》藩主）のお預けとなった。こうして刃傷事件からわずか八日で、赤穂藩の江戸屋敷はすべて収公されてしまったのである。

なお、鉄砲洲上屋敷は二二日に入居者が変更され、酒井靭負佐忠囿《さかいゆげいのすけただその》（若狭小浜藩主）の屋敷となっている。

❸鉄砲洲上屋敷の引き渡し

3月17日、鉄砲洲の赤穂藩上屋敷が幕府に引き渡される。武具、家財は構いなしとの沙汰が下されたため、19日、赤穂藩の家臣は屋敷内の土蔵に入れていた武具、家財を運び出し、20日、土蔵を引き渡した。当初は出羽新庄藩・戸沢上総介正誠がそのあとに入る予定となっていたが、22日、入居者が変更され、若狭小浜藩・酒井忠囿が入った。

❹赤坂中屋敷の引き渡し

3月18日、赤穂藩上屋敷に続いて赤坂の中屋敷が幕府に引き渡された。その後、肥後人吉藩・相良頼喬が入った。

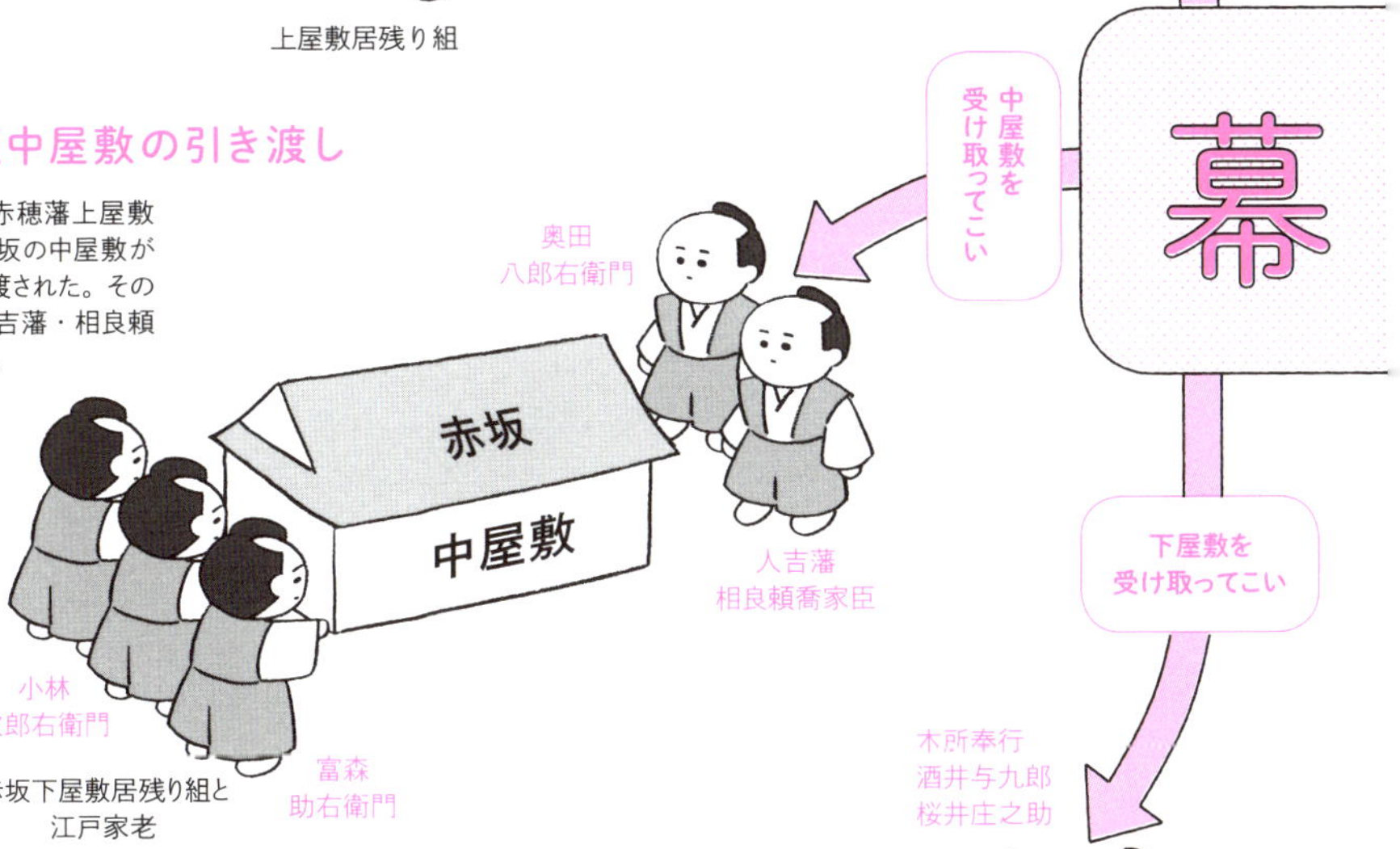

❺本所下屋敷の引き渡し

3月22日、最後に本所の下屋敷が幕府に引き渡された。これにより、浅野内匠頭が預かっていた江戸屋敷の引き渡しがすべて完了した。本所下屋敷にはその後、伊予大洲藩・加藤遠江守泰恒が入った。

赤穂事件時の赤穂城

製塩業の収入が赤穂藩の財政を支える

いまに伝わる赤穂城は、正保二年(一六四五)に入封した浅野長直《ながなお》が慶安元年(一六四八)から一三年もの歳月をかけて築いたものである。天守は築かれなかったものの、本丸の周囲に二の丸、さらにその北に三の丸が配された変形輪郭式の平城で、泰平の世であったにもかかわらず、戦闘を意識したつくりであったところに最大の特徴がある。

重臣の屋敷は、三の丸に配された。筆頭家老・大《おお》石内蔵助良雄《いしくらのすけよしたか》の屋敷地も大手門西側(現・大石神社境内)にあった。

三の丸から堀を隔てた北側のエリアには武家屋敷、さらにその東側には町屋、危急の際の屯所の役割を兼ね備えた寺院が配されていた。

また、現在の赤穂海浜公園一帯では製塩業が営まれていた。当時から赤穂の塩は品質がよいとして評判であり、塩田から上がる運上銀のおかげで本来は五万石の領地であったにもかかわらず、実質は七~八万石の藩に相当する収入があったといわれる。

赤穂藩周辺図

赤穂藩は播磨国と備前国の国境に位置していた。正保2年(1645)、それまで赤穂を治めていた池田家の断絶に伴い、浅野内匠頭の祖父・長直が常陸笠間藩より入封した。

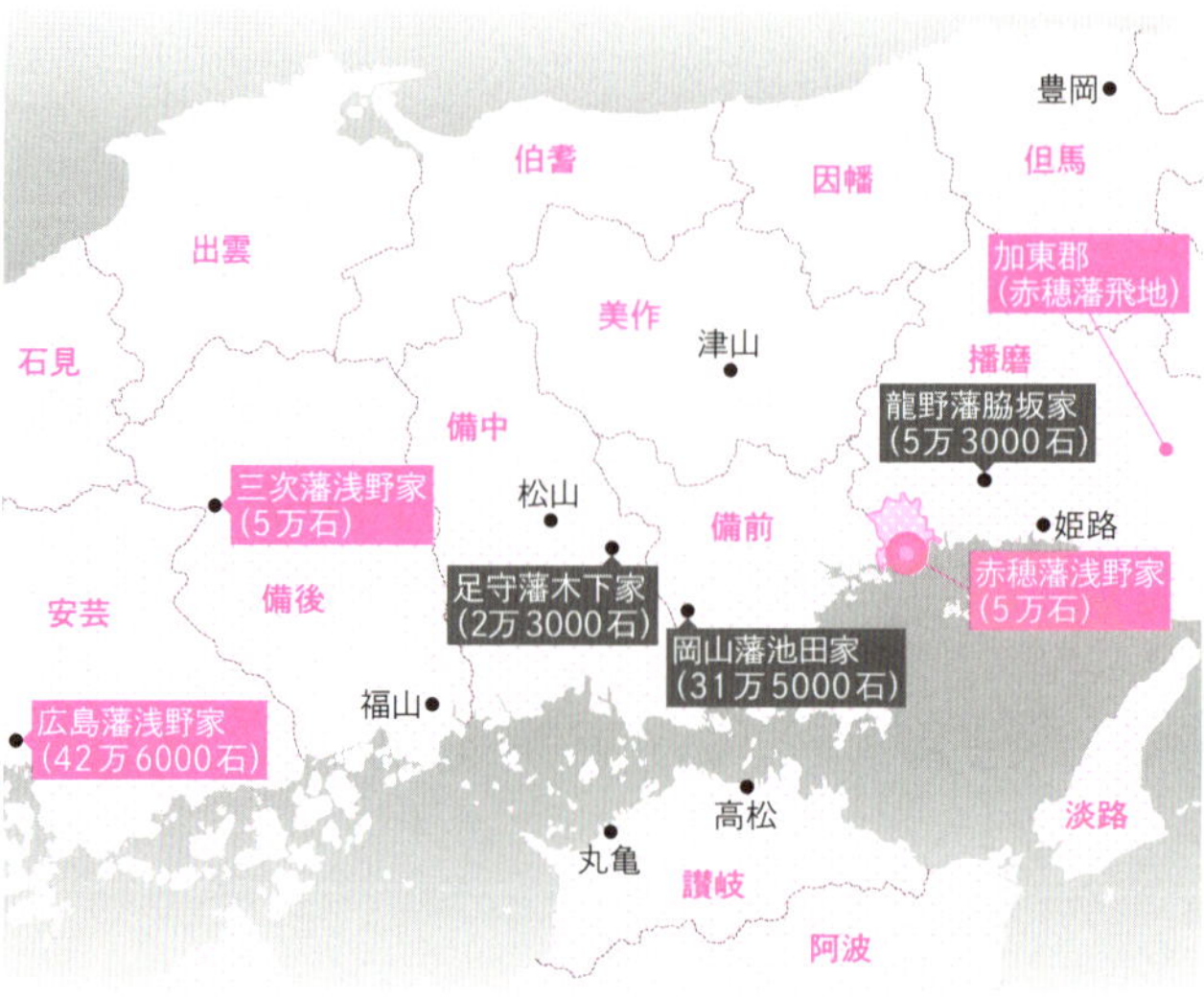

浅野家時代の赤穂城下の様子

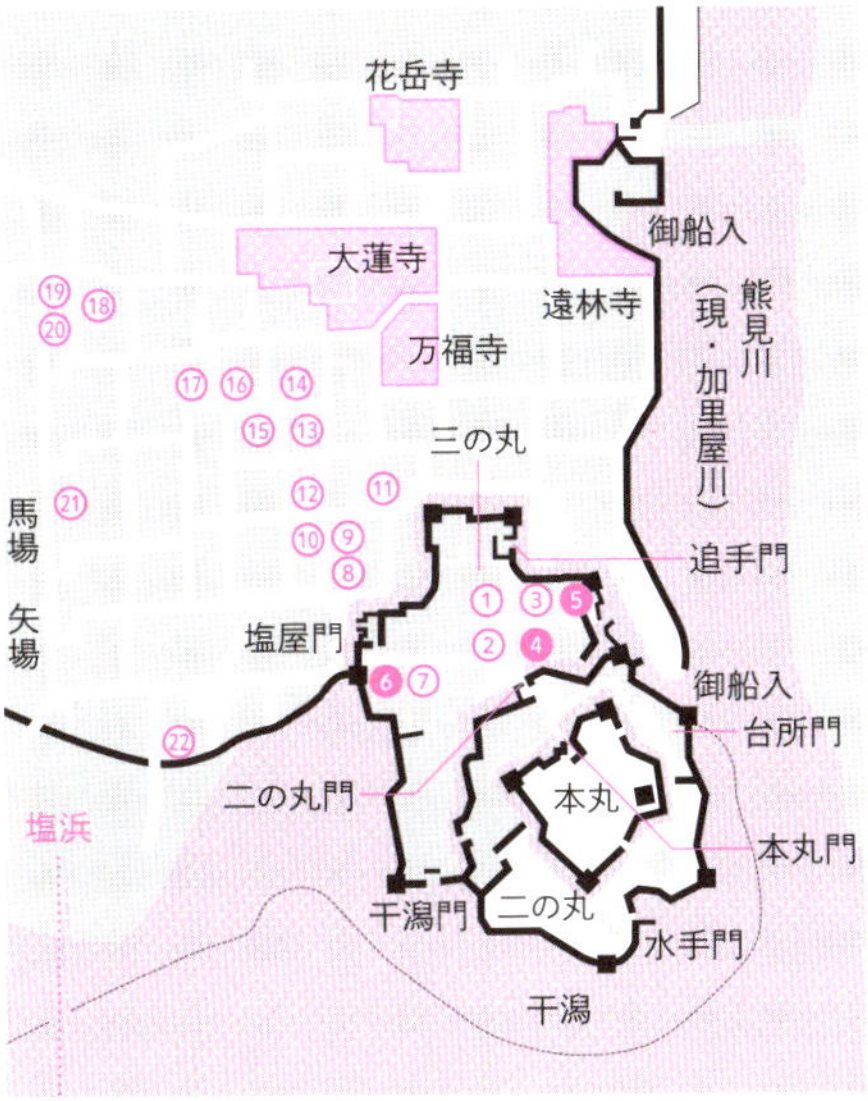

①大石内蔵助邸
②片岡源五右衛門邸
③近藤源八邸
④岡林杢之助邸
⑤奥野将監邸
⑥大野九郎兵衛邸
⑦礒貝十郎左衛門邸
⑧千馬三郎兵衛邸
⑨間瀬久太夫邸
⑩木村岡右衛門邸
⑪岡野金右衛門邸
⑫間喜兵衛邸
⑬原惣右衛門邸
⑭勝田新左衛門邸
⑮不破数右衛門邸
⑯貝賀弥左衛門邸
⑰大高源五邸
⑱近松勘六邸
⑲菅谷半之丞邸
⑳早水藤左衛門邸
㉑中村勘助邸
㉒潮田又之丞邸
※③は討ち入り不参加者

「日本山海名物図会」

赤穂藩では海岸の平地部を干拓して大規模な入浜塩田（潮の干満を利用して塩田に海水を導いて砂に浸透させ、日光や風で乾燥。塩分を含んだ砂を沼井に入れて濃厚な塩水をつくり、それを塩釜で煮詰めて塩をつくる）を開発。全国でも屈指の製塩地として名を馳せた。

元禄一四年（一七〇一）三月一九日

赤穂に届けられた急報

江戸から赤穂藩まで155里
（約620キロメートル）
約4.5日で到着
江戸

主君の切腹と改易

三月一四日午後三時半頃、馬廻・早水藤左衛門《はやみとうざえもん》と中小姓・萱野三平《かやのさんぺい》は、浅野内匠頭が刃傷事件を起こしたという報を国元・赤穂に伝えるべく、江戸を出発した。

次いで夜更けには、物頭・原惣右衛門《はらそうえもん》と馬廻・大《おお》石瀬左衛門《いしせざえもん》が主君の切腹と改易を知らせるために江戸を出発した。

江戸から赤穂までは、約六二〇キロメートルの道程である。早駕籠でも一週間はかかるが、昼夜分かたず駆け通したため、第一便は一九日午前五時半頃、第二便は同日午後九時半頃に赤穂へ到着した。どちらも四日と一二時間ほどである。

知らせを受けた国家老・大石内蔵助良雄は突然の出来事に衝撃を受けつつも、すぐさま藩士に惣登城を命じた。

取り潰しとなった以上、赤穂城は幕府に引き渡さなければならない。だが、幕命とはいえ、主君から預かった城をおいそれと明け渡すわけにもいかなかった。

城受け取りの期日とされた四月中旬までに藩論をまとめるべく、赤穂藩士らは連日協議を重ねた。

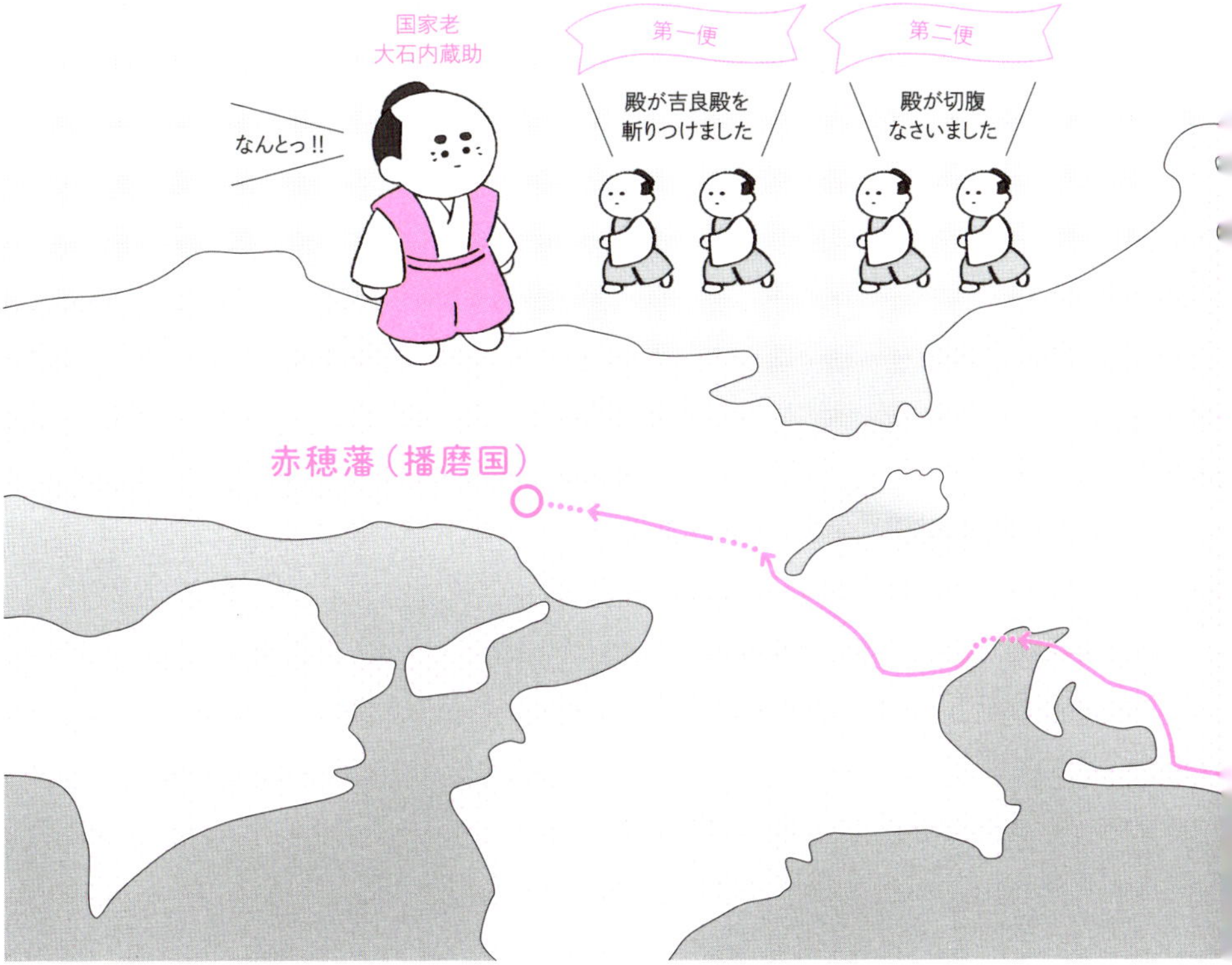

赤穂への急報のスピード感　元禄14年（1701）

3月14日	11時頃	将軍が勅使·院使からのお暇の挨拶を受ける
	11時過ぎ	浅野内匠頭、吉良上野介に斬りつける
	15時頃	内匠頭、江戸城から一関藩邸へ移送
	15時半頃	赤穂への急使（第1便）が江戸を出発
	18時頃	内匠頭、幕府の命により切腹
	深夜	赤穂への急使（第2便）が江戸を出発
	深夜	内匠頭正室·阿久里が剃髪
3月15日		幕府が赤穂城受け取りの上使を任命
3月19日	午前5時半頃	江戸からの急使（第1便）が赤穂に到着 国家老·大石内蔵助に主君が刃傷事件を起こしたことを伝える
	昼頃	内蔵助は真相を確かめるべく江戸へ2人（荒井安右衛門、萩原文左衛門）を派遣（2人が赤穂に戻ってくるのは4月6日のこと）。
	21時半頃	江戸からの急使（第2便）が赤穂に到着 内蔵助に内匠頭の切腹を知らせる

江戸の通信制度
同志間の連絡を助けた駕籠と飛脚

上方と江戸にいた赤穂浪士たちは本懐を遂げるため、頻繁に連絡を取り合っている。その際に用いられた手段が、「駕籠」と「飛脚」だった。

駕籠は、現代のタクシーに相当する乗り物である。庶民が江戸市中で利用した「辻駕籠」や、街道を行く旅人が宿場間の移動のために使った「宿《しゅく》駕籠」、特急便である「早駕籠」などがあった。早駕籠は通常、江戸―京都間を四日半で走破したという。赤穂浪士が利用した早駕籠は四日半で赤穂に到着したというが、これもひとえに赤穂藩が塩の販売のため、各地の問屋場《といやば》（各宿場で人馬の継ぎ替えを行なう役所）と懇意にしていたおかげでもあった。

一方、飛脚は現代の郵便システムのようなもので、手紙や荷物などのやり取りのために利用された。幕府の公文書を運ぶ「継飛脚」、諸大名が国元と江戸藩邸との通信のために用いた「大名飛脚」、民間の商人が運営した「町飛脚」などがあり、江戸―大坂間を最短三日で届けたという。

江戸の郵便システム・飛脚

江戸から大坂へ書状を送るために、一番高い特急便で金7両2分（約90万円）かかった。江戸時代の情報のスピード感がわかる。

歌川広重「東海道五拾三次　平塚・縄手道」より。ひた走る飛脚が描かれている。

飛脚料金表（江戸―大坂間・19世紀）※横井時冬『日本商業史』による

種類	請負日限	荷物	運賃
並便（便に空きがあった場合）	10日限	書状1通	銀3分
		荷物1貫目	銀9匁5分
幸便（定期便）	6日限	書状1通	銀2匁
		荷物1貫目	銀50匁
仕立（特急便）	正3日半限	封物100目限	金7両2分
	正4日限	封物100目限	金4両2分

駕籠の種類

絵画や時代劇でも目にする「駕籠」には、距離やスピード、材質によって様々な種類がある。贅沢な移動手段であった。

宿駕籠

屋根とむしろで覆っただけの簡易的な駕籠。旅人が宿場間を移動する際に使用した。

「東海道五拾三次之内　三島・朝霧」

辻駕籠

4本の竹を柱として割竹で編んだ簡素な駕籠。天保年間（1830～44年）頃の運賃は、日本橋から吉原遊廓までで約金2朱（約1万2000円）。

「江戸高名会亭尽
新吉原衣紋坂日本堤」

乗物

大名などの貴人が乗る引戸つきの駕籠。大名夫人が乗る駕籠は女乗物と呼ばれた。

「守貞謾稿」

早駕籠

簡易的な駕籠を4人が担ぎ、さらに1人が前棒を引っ張り、1人が後ろ棒を押して速度を出した。

「東海道五拾三次　草津・名物立場」

元禄一四年 一七〇一 三月一九日

赤穂城に押し寄せる商人

紙切れ同然となった藩札

主君の切腹と改易を知った大石内蔵助らがまず対処しなければならなかったのは、藩札（銀札）の処理だった。藩札は藩が独自に発行していた通貨のことである。基本的には領内だけで通用するものであるが、赤穂藩の場合は財政が潤沢で信用があったこともあり、周辺の藩にも流通していた。

当時、赤穂藩が発行していた藩札は総額で銀九〇〇貫目（約一八億円）にものぼった。だが、改易になれば紙きれ同然となってしまう。そのため赤穂藩改易の噂を聞きつけた商人たちは、早くも一九日には札座《さつざ》（藩札と現銀の交換を行なう役所）に押し掛けて大騒動となった。

二〇日、大石は額面の六歩《ぶ》（六割）で藩札の両替を開始した。中には不平を言う商人もいたというが、納得せざるを得ず、二八日まで喧嘩同然の騒ぎの中で両替が行なわれた。

こうして回収された藩札は、最終的には城内で焼却されたと伝わる。

赤穂藩の財政上の大問題

赤穂藩の藩札処理についての記録が残されている（『浅野赤穂分家済美録』）。赤穂藩の藩札の総額は銀900貫目（＝銀90万匁）。現在の額にすると18億円で、藩の年間予算に匹敵する発行規模だった。

赤穂藩が発行した銀札

「関西は銀遣い」

西国では主に銀貨が流通していた。

銀900貫目

＝

銀90万匁

＝

金1万5000両
（金1両12万円とすると、約18億円）

藩の年間予算に匹敵

銀札とは…

所持者に請求されたらすぐ現物の銀に交換しなければならない兌換（だかん）紙幣のこと。

※元禄当時の貨幣換算レート
銀60匁＝金1両（小判1枚）

赤穂藩札の両替に追われる

赤穂藩が発行していた藩札は900貫目。請求されたら現物の銀に交換しなければならないのに、用意していた準備銀は700貫目に過ぎなかった。

1 札座に商人が押し寄せる

赤穂藩が取り潰しになれば、それまで藩が発行していた藩札は紙切れも同然となってしまう。そのため商人らは赤穂藩の札座に押し掛け、藩札の両替を訴えた。

紙切れになる前に両替しろ!
商人たち

2 広島藩に借金の申し込み

浅野家の本家・広島藩に対し、不足分の銀200貫目と家中に支払う「不勝手引払料」銀100貫目、合計300貫目の借金の申し入れを行なったが、体よく断られてしまう。また、瑤泉院の実家・三次藩にも断られた。

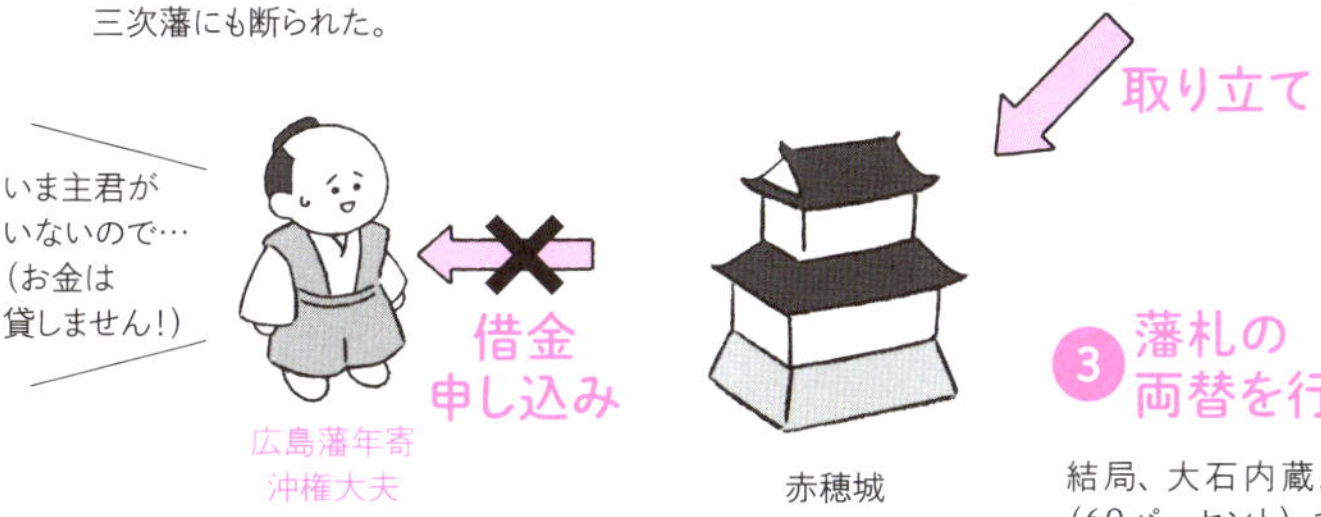
取り立て
いま主君がいないので…(お金は貸しません!)
借金申し込み
広島藩年寄
沖権大夫
赤穂城

3 藩札の両替を行なう

結局、大石内蔵助は藩札を6歩(60パーセント)で両替することを決断。3月20日から両替を開始し、28日に終了。

領内で(商人が)騒動に及ばないよう言い聞かすのが大切である
三次藩
藩札は6歩で交換じゃ!!
大石内蔵助

しかたない…とにかく早く替えてくんな!
商人たち

元禄一四年（一七〇一）三月下旬

揺れる赤穂藩

切腹を決意する大石内蔵助

三月二一日、赤穂に浅野大学長広閉門の知らせが届く。下旬には、吉良上野介が生きており、何の処罰も下っていないという報が入った。当時の喧嘩両成敗の原則からすると、上野介にも何らかの処分が下ってしかるべきであった。そこで二九日、内蔵助は物頭・多川《おおかわ》九左衛門《くざえもん》と歩行小姓頭・月岡《つきおか》次右衛門《じえもん》に「鬱憤之書付」を持たせて江戸に派遣。赤穂城受け取り上使・荒木十左衛門、榊原采女に直接嘆願しようと試みた。だが、二人は上使に会えなかった。

その後、赤穂城内では「吉良が生きている限り、城を明け渡すことはできない」という意見が大勢を占める。次席家老・大野《おおの》九郎兵衛《くろうびょうえ》らがこれに反対して席を立つという一幕もあったが、内蔵助は大手で切腹して幕府に抗議することを決定。六〇名ほどがこれに同意し、神文《しんもん》（起請文《きしょうもん》）を内蔵助に提出した。

だが江戸から下向してきた片岡源五右衛門、礒貝十郎左衛門らは「吉良を討つ」と言って内蔵助に反発。再び江戸へ戻っていった。

議論を続ける赤穂藩士

1 問題となった吉良上野介の生死

3月下旬まで上野介の生死は不明だったが、やがて赤穂藩士のもとに上野介が生きているという知らせが届く。

吉良は生きていて
しかも「構いなし」
だと!?
大石内蔵助

2 赤穂城受け取り上使に嘆願書を送る

大石内蔵助らは主君の刃傷事件を「喧嘩」と捉えたため、「喧嘩両成敗の原則」にのっとった仕置を願い、赤穂城受け取り上使に嘆願書を送った。しかし、嘆願は上使には届かなかった。

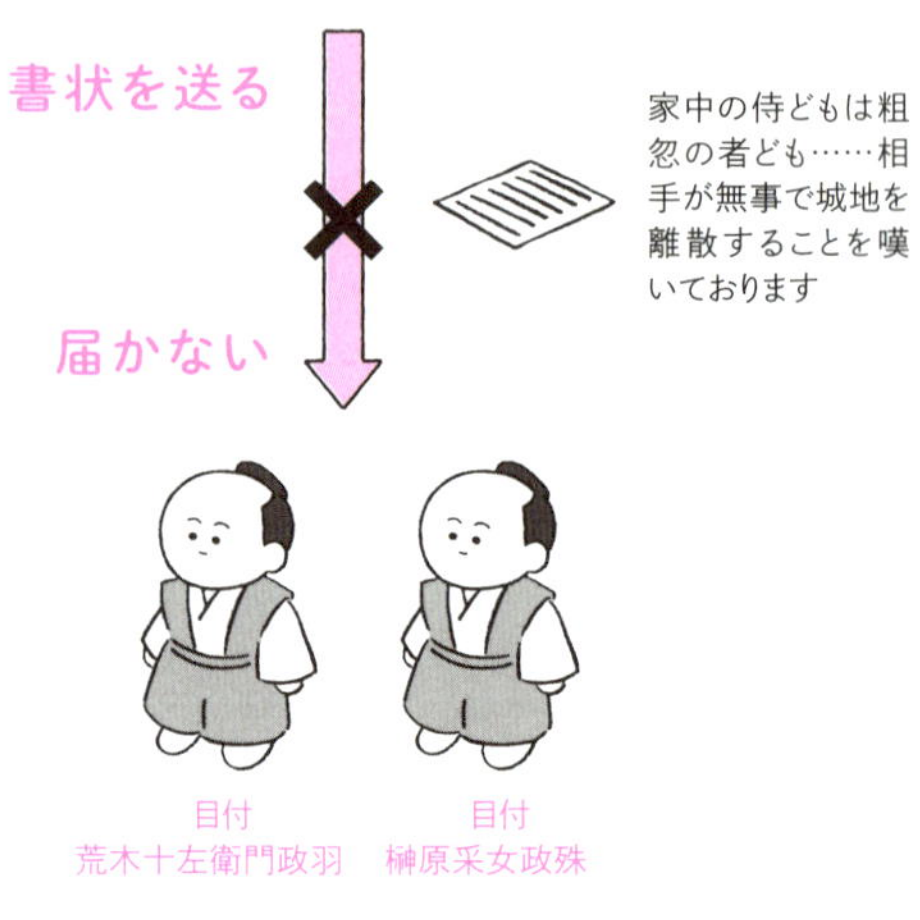

書状を送る
届かない
家中の侍どもは粗忽の者ども……相手が無事で城地を離散することを嘆いております
目付
荒木十左衛門政羽
目付
榊原采女政殊

赤穂城内で議論を交わす

上野介の生存が判明して以降、赤穂城では今後の方針について議論が続けられた。藩士の多くは籠城を主張したが、次席家老・大野九郎兵衛はこれに反対の意を唱える。結局、大野以下10名ほどが席を立って退出した。

内蔵助が結論を下す。
「赤穂城の大手門で切腹し公儀に訴える！」

分裂

離脱する者たち

赤穂城内では切腹という方針が決定したが、これに江戸からやってきた片岡源五右衛門、礒貝十郎左衛門、田中貞四郎は反発。「吉良を必ずや討つ」として江戸へ帰った。

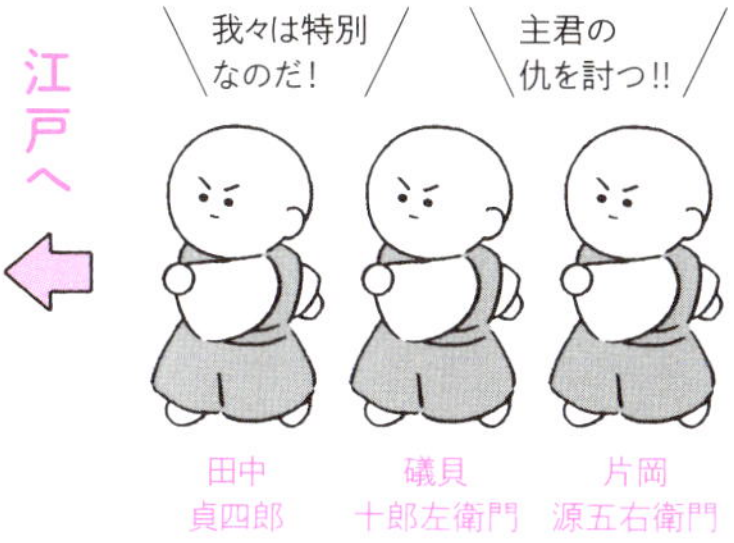

賛成した者たち

議論の末、内蔵助らは赤穂城の大手で切腹し、公儀に訴えるという方策を選択する。その後、この方針に賛成した約60名の藩士は内蔵助に神文（起請文）を提出した。

元禄一四年〔一七〇一〕四月一四日

江戸強硬派を説得

赤穂城明け渡しを決意

大石内蔵助らが赤穂で切腹を決意した頃、江戸では堀部安兵衛《ほりべやすびょうえ》、高田郡兵衛《たかだぐんびょうえ》、奥田孫太夫《おくだまごだゆう》の三人が吉良上野介の存命を知って激高していた。彼らは自分たちだけででも吉良邸へ討ち入ろうと考えたが、厳重な警備の様子を見て断念。ひとまず国元の藩士らと合流すべく、四月五日、江戸を出立し、一四日、赤穂に到着した。

だが、すでに内蔵助は方針を転換していた。じつは、赤穂城受け取りの上使に宛てた嘆願書は江戸家老・安井彦右衛門《やすいひこえもん》、藤井又左衛門《ふじいまたざえもん》を通じて浅野家一門である戸田采女正《とだうねめのかみ》(美濃大垣藩主)や浅野大学へと伝えられ、浅野家一門の大名からは城を滞りなく明け渡すようたびたび書状が届けられていた。内蔵助は一門の大名のみならず、大学が処罰されて浅野家の名跡を失うことを懸念し、赤穂城の明け渡しを決意したのである。

江戸強硬派の三人も、ひとまず内蔵助の言葉に従うことにしたのであった。

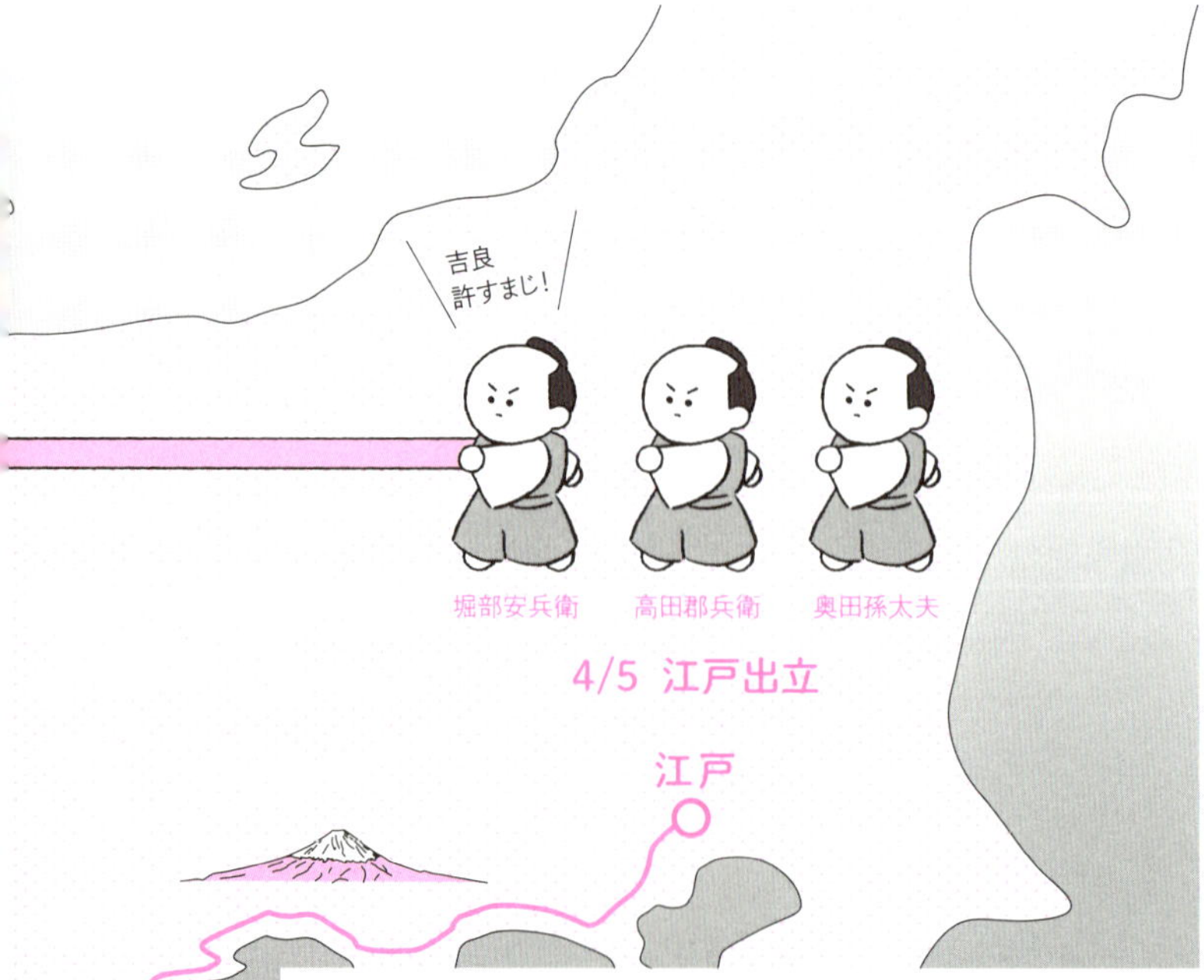

① 激高する江戸強硬派

江戸では、堀部安兵衛、高田郡兵衛、奥田孫太夫の3人が吉良邸討ち入りを計画。しかし吉良邸の警備が厳重であったことから、まずは国元の藩士らと相談すべく、4月5日、赤穂へ向けて江戸を出立した。

② 赤穂城の明け渡しを決意する内蔵助

藩士全員で切腹をして吉良上野介の処分を再考してもらおうと内蔵助は決心したが、赤穂城には親類の戸田采女正や浅野大学、一門の浅野家などから城を滞りなく明け渡せという指示が届いていた。内蔵助は大学が処罰されて浅野家の名跡を失うことを恐れ、4月12日、赤穂城の明け渡しを決意する。

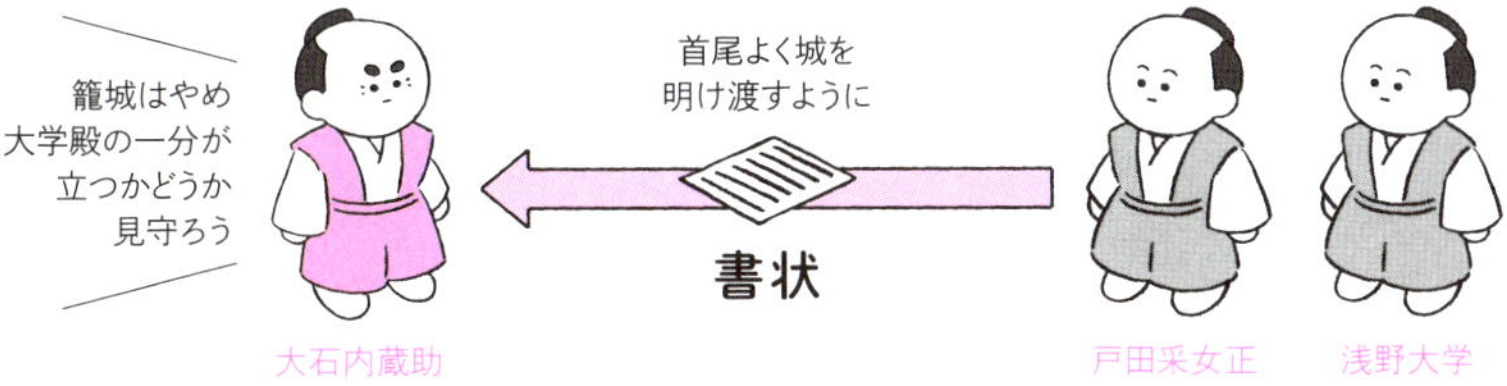

③ 内蔵助が江戸強硬派を説得

江戸強硬派の3人は内蔵助に「城を枕に討死する」ことを主張したが、内蔵助は「これが最後ではない。以後の含みもある」として3人を説得した。

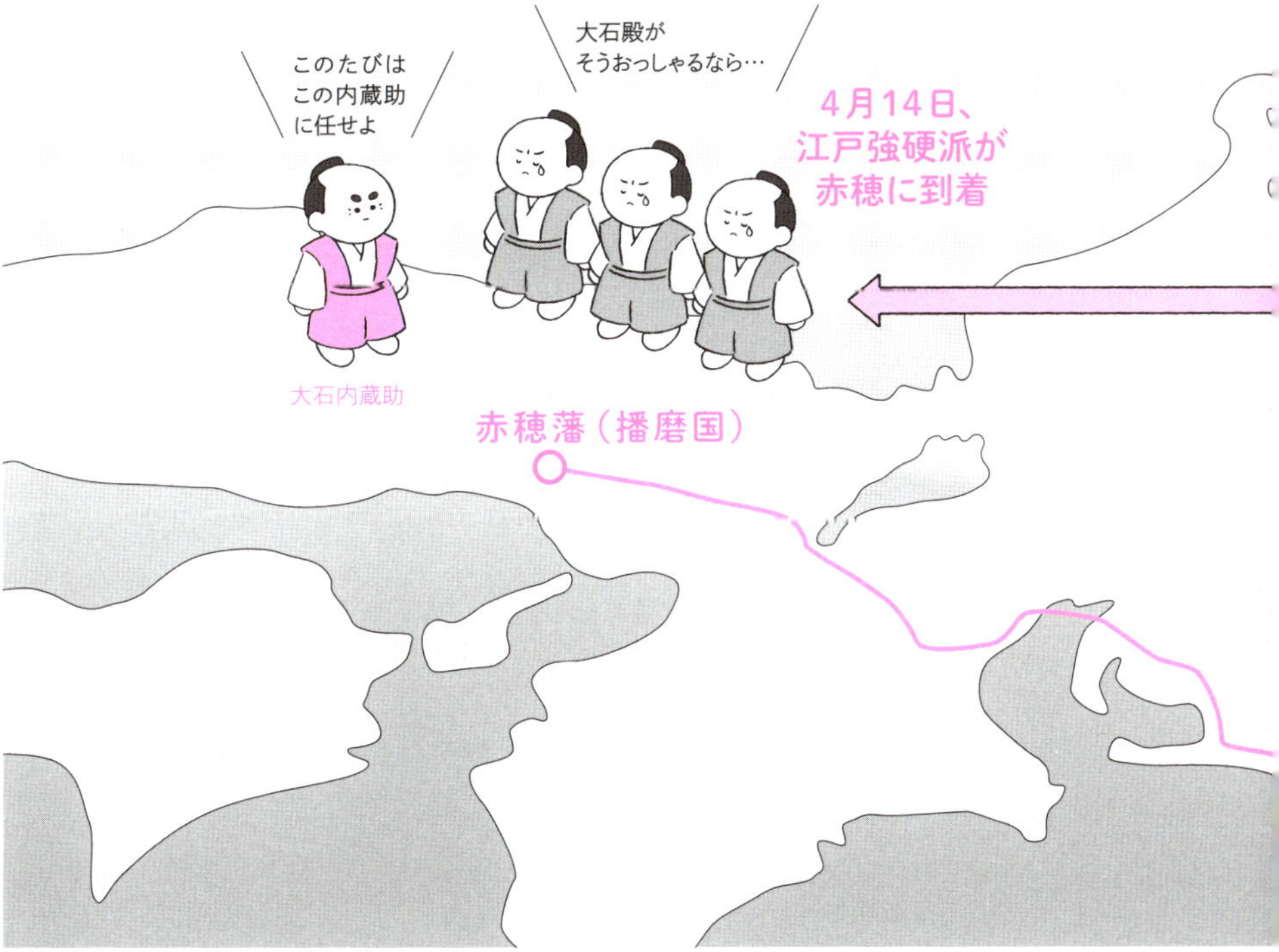

元禄一四年（一七〇一）四月一八日

さらば赤穂城

浅野家再興を願って……

四月一八日、赤穂城の引き渡しが行なわれた。赤穂藩側の担当者は、大石内蔵助と番頭・奥野将監（四月一二日に出奔した次席家老・大野九郎兵衛の代理）であった。このとき、内蔵助は浅野内匠頭の弟・大学が再奉公できるよう、金の間での休息中、大書院、城の玄関と三度にわたって上使（将軍の使者）の荒木十左衛門政羽、榊原采女政殊に嘆願した。

さすがの上使もこれに同情し、幕府勘定方の石原《いしはら》新左衛門《しんざえもん》は荒木に「帰府したうえで御沙汰されたもよろしいのではないでしょうか」と言った。榊原も「もっとも」と答えたため、荒木は内蔵助に「江戸に戻り次第、老中に話す」と返答した。

一九日、脇坂淡路守と木下肥後守が入城し、城内の武具を接収（「城付き」の鉄砲や弓矢、鎗などの武具は大名の物ではなかったため、城とともに幕府に引き渡さなければならなかった）。こうして赤穂城は明け渡されたのであった。

3度にわたり上使に嘆願する内蔵助

『江赤見聞記』によると、4月18日、赤穂城の引き取りにやって来た上使の荒木十左衛門政羽と榊原采女政殊が休息していた際、内蔵助はお茶と菓子をすすめ、浅野大学の再奉公を嘆願した。上使たちは何も答えず別の場所を検分していると、また内蔵助がやってきて嘆願。検分の帰り際にもまた嘆願してきたため、上使はこれに根負けし、「江戸に帰り次第、御老中にお話するので、御家来中にその段を申し聞かすように」と告げた。

赤穂城との別れ

4月15日までに藩士の大半は屋敷をすべて明け渡し、赤穂城下から立ち退いていた。大石内蔵助の家族も城下近在の尾崎村に立ち退き、内蔵助は城下の浅野家祈願所の遠林寺に居を据えた。城引渡しの用人たちもここに寄り合った。4月19日、赤穂城の受け取りを命じられていた脇坂淡路守と木下肥後守が入城。三の丸、二の丸、本丸、城付きの武具、蔵米などを受け取った。こうして赤穂城の明け渡しはつつがなく終了した。

私有財産ではなかった家臣の屋敷

赤穂藩家臣らの屋敷は、主君・浅野内匠頭から与えられたものである。しかし、そもそもの藩領は幕府から与えられたものであるため、改易になったら赤穂城同様、家臣の屋敷も明け渡さなければならなかった。ただし、内蔵助はじめ数人の者は城を明け渡す準備をする必要があったため、15日以降も自らの屋敷を使うことができた。

残務処理にあたった主な人物

押さえておきたい！

忠臣蔵のお土産

①

切腹最中

JR新橋駅から徒歩5分ほどのところにある「御菓子司 新正堂」では、田村邸で浅野内匠頭が切腹したことにちなんだ和菓子「切腹最中」を販売している。腹の開いた最中から餡がはみ出すという独特の形が特徴だ。中には大きな求肥も入っており、食べ応え抜群の一品。

義士ようかん

切腹最中同様、「忠臣蔵」にまつわる和菓子がこちらの「義士ようかん」。パッケージには赤穂義士の武者絵が描かれており、「忠臣蔵」ファンにはたまらない和菓子だ。箱の裏側に記載されたQRコードを読み取ると、人物紹介を見ることができる。味は塩・抹茶・黒糖・さくら・本煉の5種類。

お店DATA

御菓子司 新正堂

住所　東京都港区新橋4-27-2
URL　https://www.shinshodoh.co.jp/

第二章

討ち入り前夜

元禄一四年〔一七〇一〕五月

浅野家再興工作の開始

「人前がなる」形での再興を目指す

四月一九日に赤穂城の引き渡しが終わったあとも、大石内蔵助《おおいしくらのすけ》ら主だった家臣は城下に残って五月二一日まで残務整理を行なった。と同時に、内蔵助は浅野家の祈願所であった赤穂遠林寺《あこうえんりんじ》の僧・祐海《ゆうかい》を通じて浅野家再興工作に着手した。祐海を江戸に遣り、将軍・綱吉《つなよし》が帰依していた護持院《ごじいん》の隆光《りゅうこう》大僧正に浅野家の再興を嘆願してもらおうとしたのである。

このとき、内蔵助は大学長広の「人前《ひとまえ》がなる」、つまり「武士としての面目が立つ」形での浅野家再興を願っていた。たんに大学の閉門が赦免されるだけではなく、吉良上野介《きらこうづけのすけ》が出仕停止となることを望んだのである。だが、それは綱吉が下した判断が誤りであることを認めることになるため、内蔵助の嘆願が受け入れられる可能性はほぼゼロに等しかった。

六月四日、残務整理を終えた内蔵助は赤穂を引き払うと、京郊外の山科郷西野山村《やましなごうにしのやまむら》に居を定めた。他の旧赤穂藩士も大坂や京、江戸、赤穂の村などに移り住み、雌伏の時を過ごした。

藩士たちへの退職手当の支給

家屋敷から退去するにあたり、大石内蔵助は家臣らに元禄14年分の知行米、切米、扶持米を支給。加えて藩に残った財産を処分した代金で割賦金（退職手当）を支給した。

赤穂藩内

身分	割賦金	足金
馬廻以上	100石につき金18両	金6両
中小姓組	金14両	金6両
中間ぬけ	金11両	金2両
歩行組	金10両	金2両
歩行組並役人	金7両	なし
小役人	金5両	金1両
持筒足軽・水主	米3石	なし
長柄之者	米2石	なし
定番人	金3両2分	なし

江戸詰

身分	割賦金
馬廻以上	100石につき金10両
中小姓組	金8両
歩行組	金6両

※その他、赤穂までの路銀として金197両2分

大石内蔵助は
退職手当を
受け取らなかった

知行米・切米・扶持米・割賦金・足金（最後の給料と退職金）の合計

1万9619両（約23億5000万円）

内蔵助は主家再興運動を続ける

内蔵助は残務処理を行なうかたわら、浅野家の祈願所であった遠林寺の僧・祐海を通じて浅野家の再興工作を行なった。内蔵助は主家再興のため、預かった公金約691両（約8,292万円・P60）のうち、じつに65両1分（約783万円）を費やした。そのうち、遠林寺の僧・祐海には往復の旅費と江戸での経費として計44両1分（約531万円）支払っている。祐海は江戸で将軍綱吉が帰依する護持院の大僧正・隆光との対面に成功するも、再興運動は失敗に終わった。

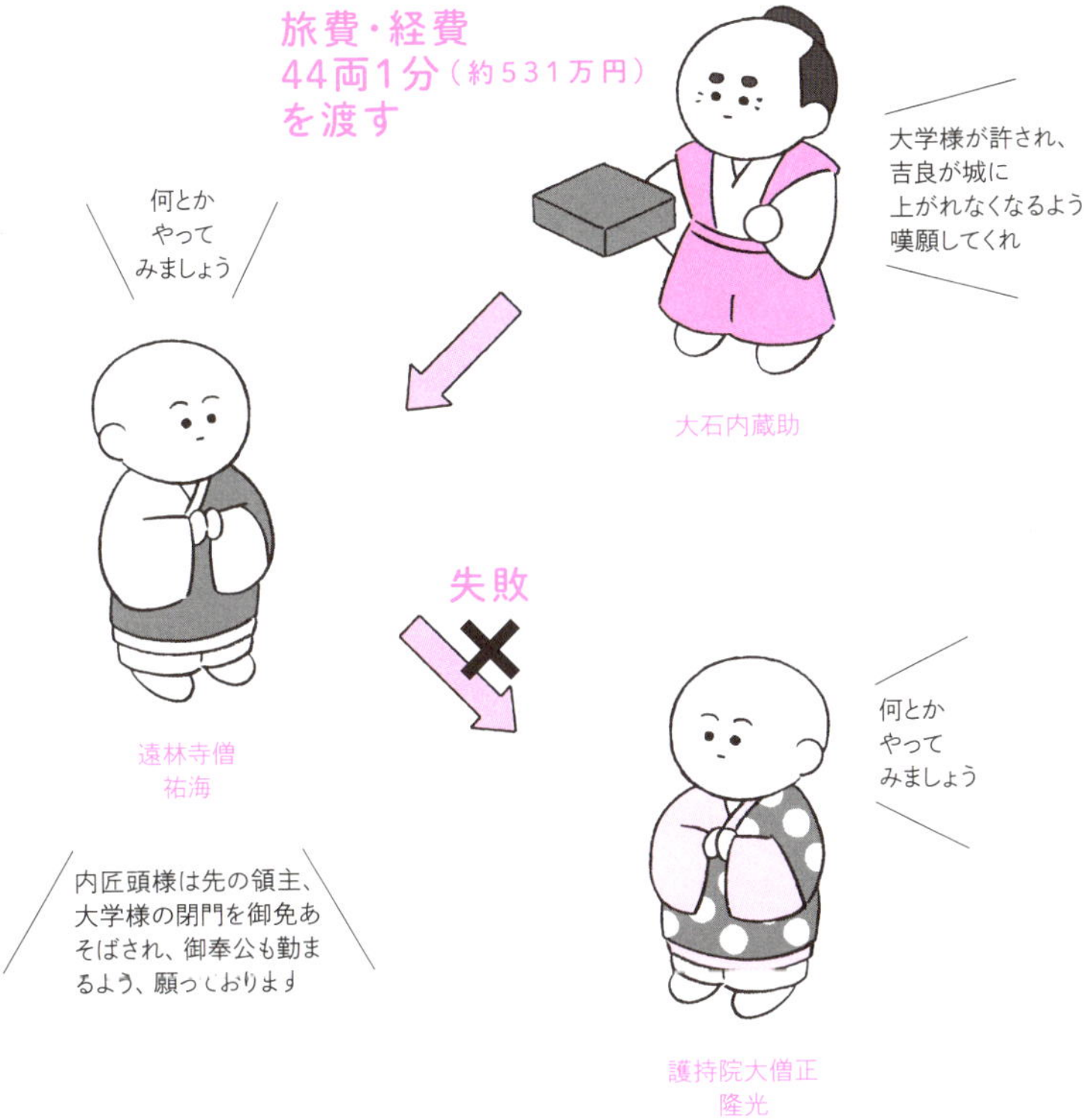

山科に居を構える内蔵助

赤穂城の残務処理を終えた内蔵助は大坂で家族と合流し、京都の山科に家や田を購入して潜伏。ここを拠点として、各地に散らばる同志と連絡を取った。なお、内蔵助は知行1500石（年収にして約600両）だったので、相当の貯えがあったと考えられる。

山科は静かで人目につきにくく、しかも交通に便利な土地。今でも紅葉の名所として知られる。

もっと知りたい！

忠臣蔵の話 ⑥

討ち入りに使われた化粧料

軍資金は約八三〇〇万円！

赤穂城を明け渡すにあたり、大石内蔵助らは幕府に返上しなければならないもの以外の藩の財産をすべて売却している。船や御台所道具、具足、馬具、弓、鎗などである。また赤穂城を離れるにあたり、内蔵助は瑤泉院《ようぜんいん》が三次《みよし》浅野家から嫁入りした際に持参した化粧料（赤穂の塩浜貸付金として運用し、その利子を瑤泉院の私的な支出に充てていた）を引き揚げ、その一部を預かった。このときはまだ吉良邸への討ち入りが決定していたわけではないが、御家再興のための活動費、去就が定まるまでの同志たちの生活費などで多大な金額を使うであろうことが十分予測されたためである。

その総額は、金六九〇両二朱、銀四六匁九分五厘。一両を一二万円として換算すると、約八二九二万円となる。

これが、浅野内匠頭切腹から吉良邸討ち入りまで、一年九か月間の同志らの生活を支える軍資金となったのである。

赤穂藩の財政状態

赤穂藩の表向きの石高は5万石に過ぎないが、私墾田や塩田から上がってくる収入もあったため、実際は7〜8万石の藩に相当する収入があったと考えられる。

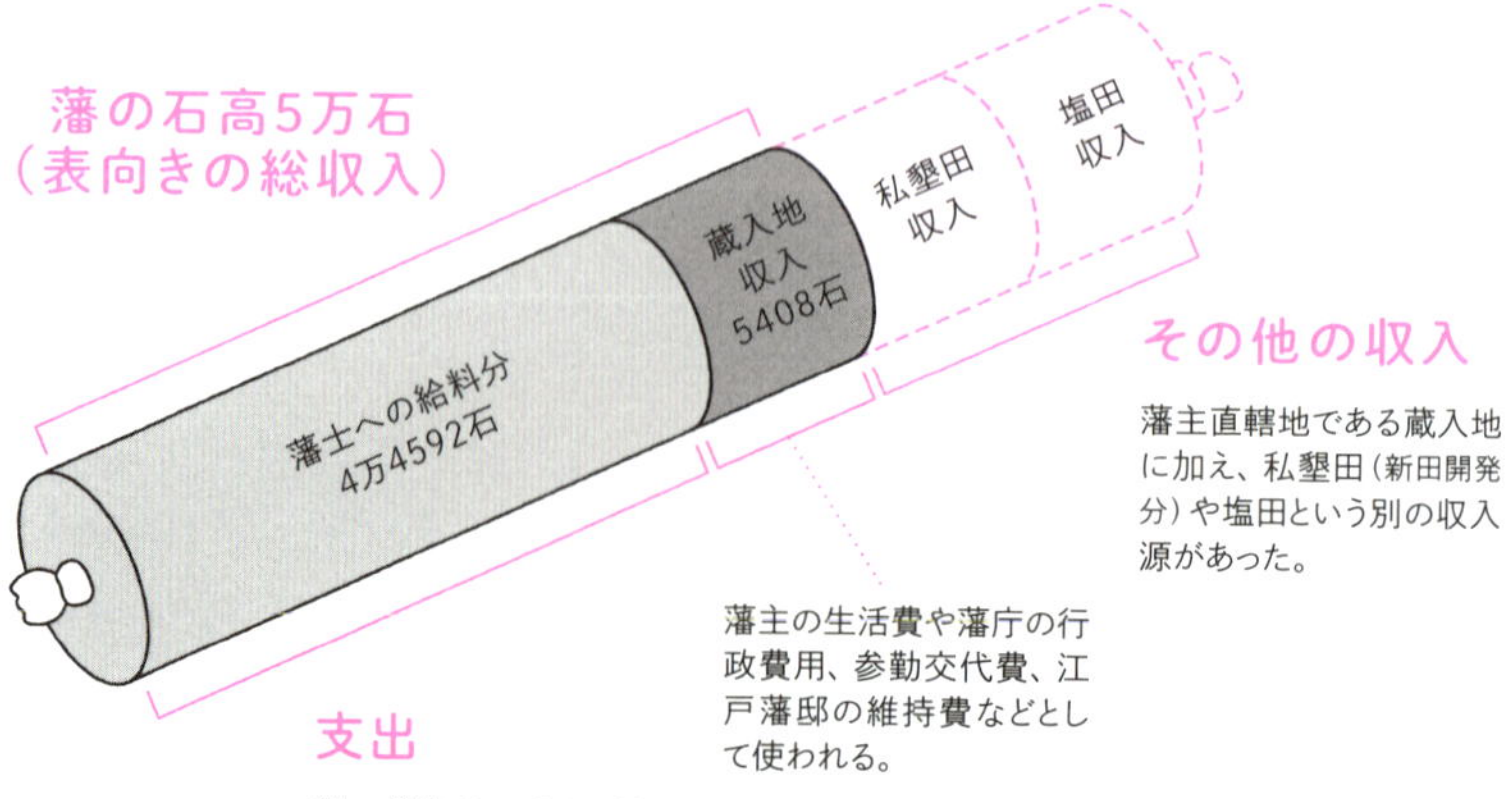
藩の石高5万石
（表向きの総収入）
藩士への給料分
4万4592石
蔵入地
収入
5408石
私墾田
収入
塩田
収入
その他の収入
藩主直轄地である蔵入地に加え、私墾田（新田開発分）や塩田という別の収入源があった。
藩主の生活費や藩庁の行政費用、参勤交代費、江戸藩邸の維持費などとして使われる。
支出
藩の総収入のうち、約9割が人件費だった。

討ち入りの軍資金

すべての残務処理を終えたとき、大石内蔵助の手元には藩財政の余り金と瑤泉院の化粧料、しめて約691両が残った。

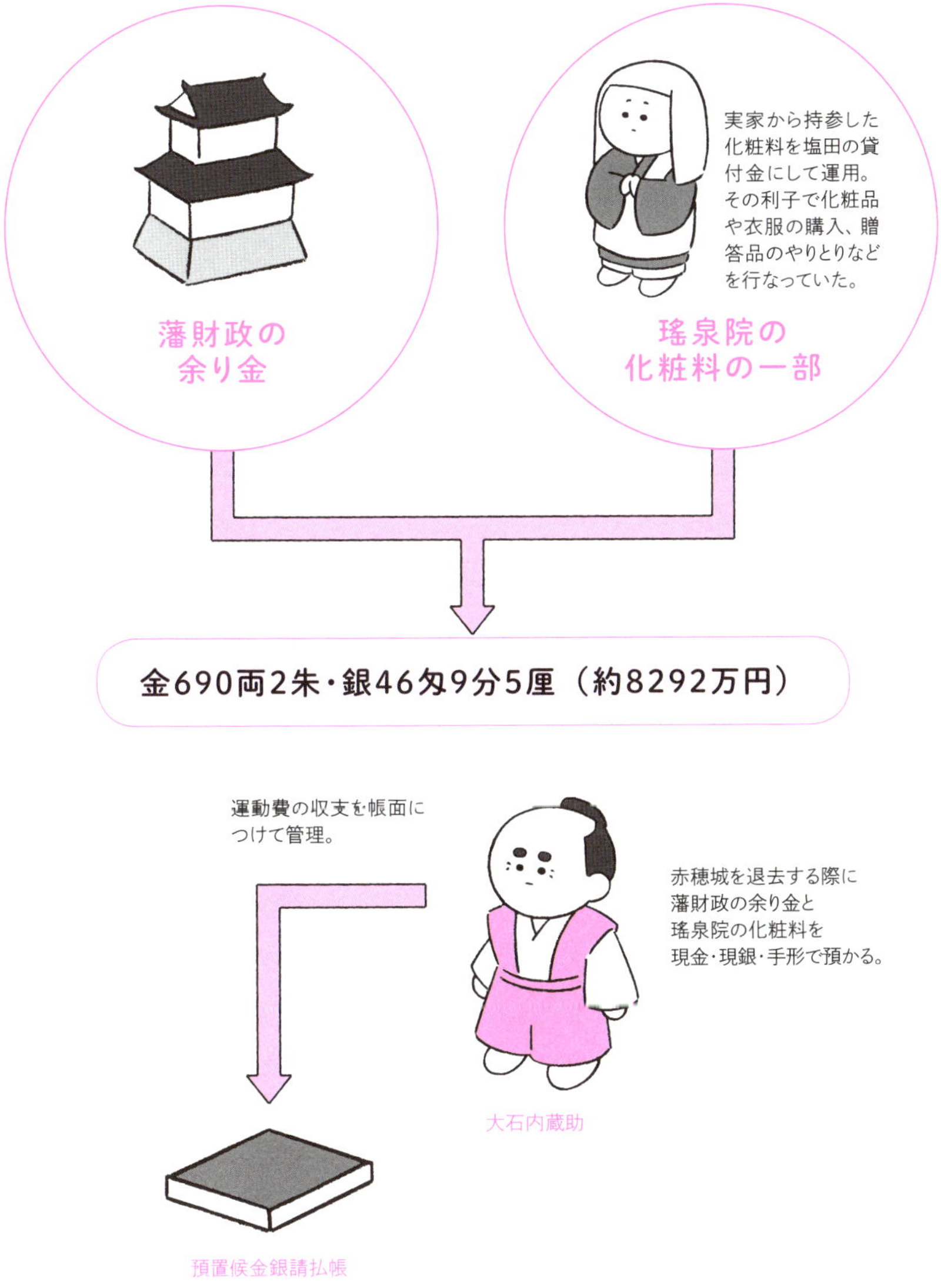
藩財政の
余り金
実家から持参した
化粧料を塩田の貸
付金にして運用。
その利子で化粧品
や衣服の購入、贈
答品のやりとりなど
を行なっていた。
瑤泉院の
化粧料の一部
金690両2朱・銀46匁9分5厘（約8292万円）
運動費の収支を帳面に
つけて管理。
赤穂城を退去する際に
藩財政の余り金と
瑤泉院の化粧料を
現金・現銀・手形で預かる。
大石内蔵助
預置候金銀請払帳

元禄一四年（一七〇一）八月

血気に逸る江戸強硬派

亡君に誓った吉良邸討ち入り

浅野内匠頭《あさのたくみのかみ》の切腹から約一か月後の四月一二日、江戸の芝泉岳寺《せんがくじ》においてようやく法要が営まれた。このとき、位牌や石塔なども建立されている。

六月二四日には、百か日法要が営まれた。赤穂から江戸に戻ってきた堀部安兵衛《ほりべやすびょうえ》、高田郡兵衛《たかだぐんびょうえ》、奥田孫太夫《おくだまごだゆう》の三人もこれに参列。そして主君の墓前で、「一日も早く吉良上野介の首を取る」ことを誓った。

そうした状況下の八月一九日、それまで鍛冶橋《かじばし》門内にあった吉良邸が江戸郊外の本所に移されることになった。堀部らはこれを討ち入りの好機と捉え、大石内蔵助に決意を促す手紙を何通も送った。

だが、内蔵助はまず浅野家の再興を第一に考えていた。大学の処遇もまだ決まっていない。そこで彼らをなだめるべく、九月には原惣右衛門《はらそうえもん》らを、一〇月には進藤源四郎《しんどうげんしろう》らを江戸に送ったが、逆に意気投合する始末。ついには内蔵助自ら江戸に下向したが、彼らの意志を覆すことはできず、翌年三月の亡君の一周忌までには結論を出すと約束した。

吉良邸の屋敷替え

元禄14年（1701）8月19日、吉良上野介は鍛冶橋内から本所松坂町へと屋敷替えを命じられた。

武士たちの不平の声で引越し
吉良上野介に新たに与えられたのは、本所の松平登之助の上り屋敷だった。形式的には吉良家から願い出たものであるが、実際は周辺の大名屋敷から不平の声が上がっていたためという。
回向院
両国橋
新吉良邸
江戸城
旧吉良邸
鍛冶橋

吉良邸の移動に色めき立つ江戸強硬派

吉良上野介が本所松坂町への屋敷替えを命じられたという報を聞いた江戸強硬派の面々は、上野介が本所に移ったそのときが討ち入りの好機と考えた。町々においても、上野介の屋敷替えは「幕府が赤穂の浪人に吉良を討てと言っているようなものではないか」という声が上がった。

❶ 内蔵助は江戸強硬派を説得すべく使者を派遣

江戸強硬派の面々がいまにも暴発しそうな状況下、大石内蔵助は彼らを説得すべく、9月に原惣右衛門、潮田又之丞、中村勘助を、10月に進藤源四郎、大高源五を江戸へ送ったが、彼らは堀部らの意見に同調し、討ち入りに賛同した。

❷ 内蔵助が自ら江戸に下向、江戸強硬派の暴走を止める

内蔵助は浅野家再興工作の件も兼ねて11月2日、江戸に入る。10日、江戸強硬派と話し合い、討ち入りの期限を決めるよう迫る堀部安兵衛に対し、来年3月の亡君の1周忌までに結論を出すと約束した。

元禄一四年 一七〇一 一二月一三日

吉良上野介の隠居

再び、内蔵助と江戸強硬派が対立

大石内蔵助と江戸強硬派の会談により、吉良邸への討ち入りはひとまず亡君の一周忌前後を目途とすることが決められた。だが、一二月一三日、不測の事態が起こる。吉良上野介の隠居が認められ、左兵《さひょう》衛《え》義周《よしちか》が家督を継いだのである。一説に、上野介側も刃傷事件の処分が「片落ち」だったと認識しており、上野介の長子で米沢藩主・上杉綱憲《うえすぎつなのり》らとの相談の末に御役御免を願い出たのだという。これにより、上野介には何の処罰も下らないことが確実となった。また来年四月、綱憲が参府する際に上野介を引き取る可能性も十分に考えられた。

もはや、大学長広の去就を待つ余裕はない。そこで江戸強硬派は二五日、原惣右衛門と大高源五《おおたかげんご》を山科に派遣。来年三月に確実に討ち入りすべく、内蔵助の説得を試みた。しかし元禄一五年（一七〇二）二月一五日から数日間にわたって行なわれた山科会議の結果、内蔵助は大学の処遇決定を最優先事項とし、討ち入りはしばらく様子見ということになった。

事件直後、吉良上野介は御役を辞任

刃傷事件後、すでに上野介側から3月26日の時点で左兵衛義周に家督が相続されるよう願い出ていたという。以後、上野介は寄合に列した。

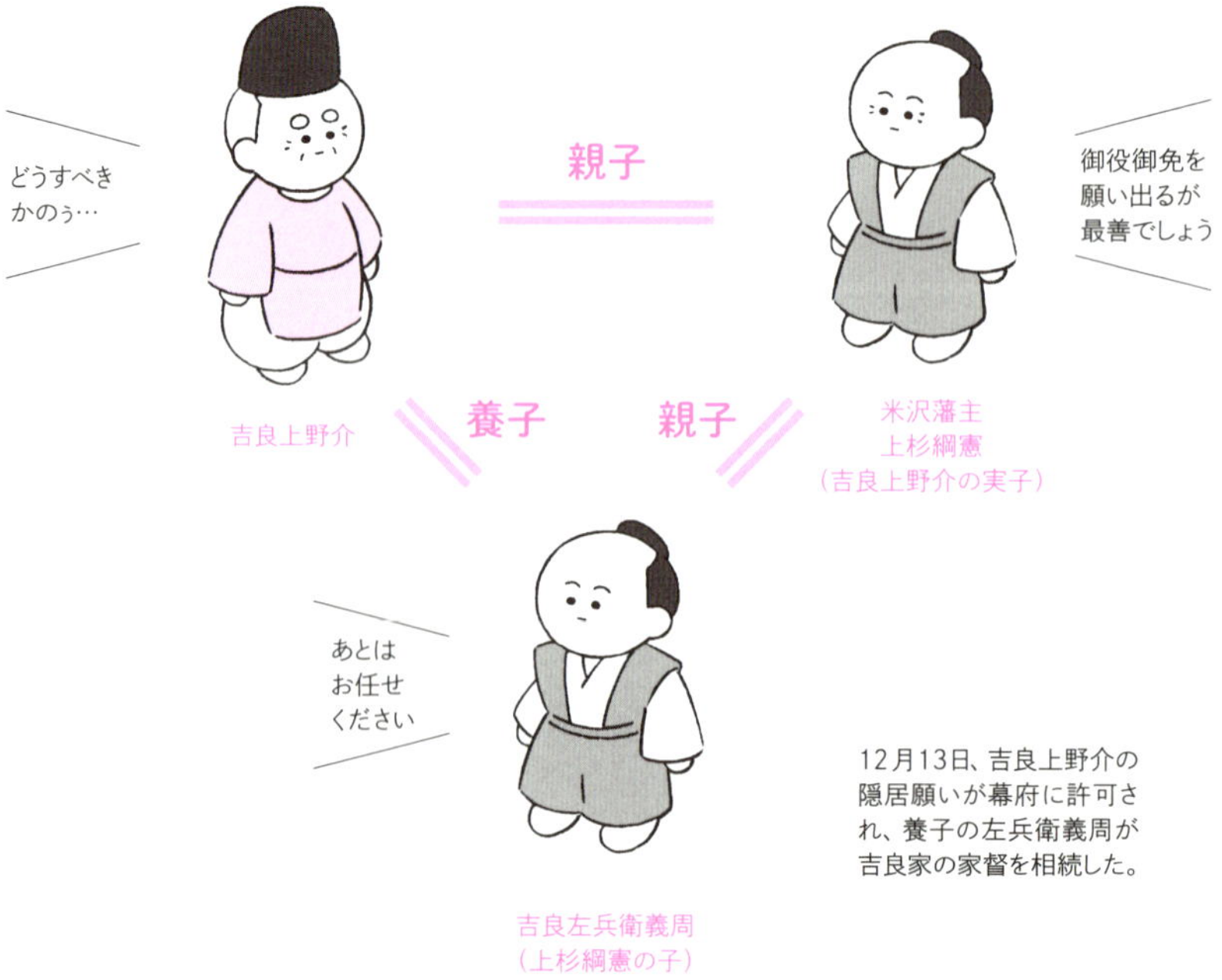
どうすべき
かのぅ…
親子
御役御免を
願い出るが
最善でしょう
吉良上野介
養子
親子
米沢藩主
上杉綱憲
（吉良上野介の実子）
あとは
お任せ
ください
吉良左兵衛義周
（上杉綱憲の子）

12月13日、吉良上野介の隠居願いが幕府に許可され、養子の左兵衛義周が吉良家の家督を相続した。

吉良上野介の隠居に焦る江戸強硬派

上野介の隠居により、江戸強硬派は上野介が米沢藩に引き取られるのではないかと焦りを感じる。 そこで上方の内蔵助に討ち入りの敢行を訴えたが、内蔵助をはじめ上方の同志は延引論に傾いていた。

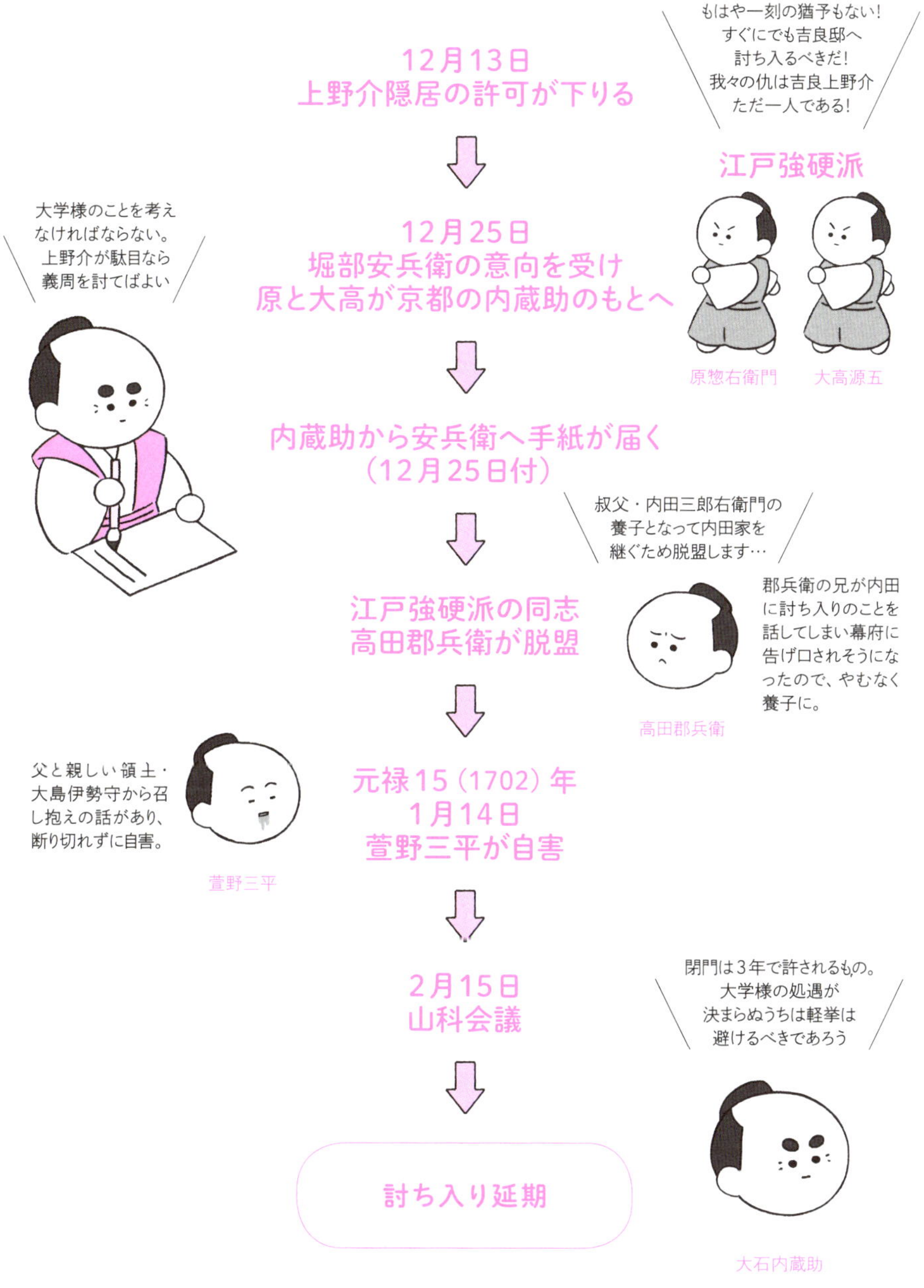

もはや一刻の猶予もない！ すぐにでも吉良邸へ 討ち入るべきだ！ 我々の仇は吉良上野介 ただ一人である！
江戸強硬派
原惣右衛門
大高源五
12月13日 上野介隠居の許可が下りる
大学様のことを考えなければならない。 上野介が駄目なら 義周を討てばよい
12月25日 堀部安兵衛の意向を受け 原と大高が京都の内蔵助のもとへ
内蔵助から安兵衛へ手紙が届く (12月25日付)
叔父・内田三郎右衛門の 養子となって内田家を 継ぐため脱盟します…
江戸強硬派の同志 高田郡兵衛が脱盟
郡兵衛の兄が内田に討ち入りのことを話してしまい幕府に告げ口されそうになったので、やむなく養子に。
高田郡兵衛
父と親しい領主・大島伊勢守から召し抱えの話があり、断り切れずに自害。
萱野三平
元禄15 (1702) 年 1月14日 萱野三平が自害
2月15日 山科会議
閉門は3年で許されるもの。 大学様の処遇が 決まらぬうちは軽挙は 避けるべきであろう
討ち入り延期
大石内蔵助

元禄一五年 一七〇二 春

遊興にふける大石内蔵助

内蔵助、妻を離縁す

山科会議後、大石内蔵助は惣名代《そうみょうだい》（代理人）として物頭・吉田《よしだ》忠左衛門《ちゅうざえもん》らを派遣した。江戸強硬派の暴走を押さえるためである。

一方、この時点ですでに討ち入りを見据えていたのであろう、四月には一五歳の長男・松之丞《まつのじょう》（主税《ちから》良金《よしかね》）だけを手元に残し、妻りくと次男・吉千代《きちちよ》、長女くう、次女るりを義父・石束源五兵衛《いしづかげんごびょうえ》（但馬豊《たじまとよ》岡《おか》藩家老）のもとへ送り返している。

このとき、内蔵助は主税に「もう母も弟もいないと思え。上野介の首を討ち取るべきと一心に念願せよ」と言ったと伝わる。

だが、この頃から内蔵助は時代劇などでおなじみの遊興生活にふけることになる。この行動は吉良方の間者の目を欺くためだといわれている。『江赤見《こうせきけん》聞記《もんき》』によると、内蔵助の不行跡を見た吉良家の隠し目付は「あれではこの方（上野介）へ意趣《いしゅ》（恨み）ど含んでいるということはないだろう」と言って早々に京を引き取ったという。

本所周辺に潜伏する赤穂浪士

江戸に下向した赤穂浪士たちは商人や中間（武士に仕える使用人。雑用を行なう）などに身を扮し、吉良邸討ち入りの時に備えた。

江戸の惣名代（代理人）

吉田忠左衛門

吉良家家老の中間となる

潮田又之丞

布売りの後、吉良邸普請工事に参加

前原伊助

吉良邸裏手に商店を開き、蜜柑などを売る

神崎与五郎

剣術道場を開く

堀部安兵衛

酒店を開く

礒貝十郎左衛門

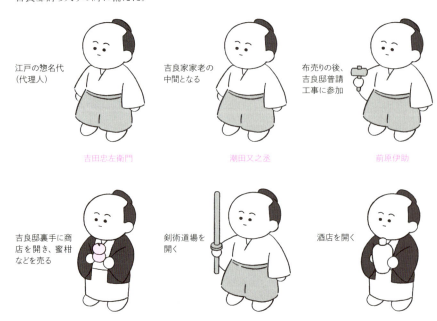

内蔵助、妻子を豊岡へ送る

元禄15年（1702）4月頃、大石内蔵助は妻子を義父のもとへ帰した。このとき、りくのお腹の中にはのちに大石家を継ぐ3男大三郎がいた。その後、10月頃には妻子に罪が及ばないよう、りくと絶縁している。

『裏表忠臣蔵』
作：市川白猿　天保7（1836）年

羽目を外す内蔵助

この頃から、大石内蔵助は京の祇園や島原で遊ぶようになったと伝えられる。吉良方の目を欺くためだとも、討ち入り遂行の重圧から逃れたかったのではないかともいわれている。

大石様には
がっかりじゃ
疑念
もはや仇討ちなど
考えてはおるまい
油断
同志
大石内蔵助
吉良家の間者

大石内蔵助の遊興の実態

しばしば遊廓で遊んでいたといわれる大石内蔵助だが、一方で、信頼できる史料『江赤見聞記』に「遊廓で遊んだ」という記述がないことから、派手な遊蕩はしていなかったのではないかともいわれる。ただ、「遊山・見物等の事」に「金銀等惜しまず遣い捨て」とあることから、遊びに多額の金を費やしていたことは間違いないと思われる。なお、これらに費やしたお金はすべて内蔵助のポケットマネーによるものである。

歌川豊国が描いた大星由良助（大石内蔵助）と妻のお石（りく）。文久2（1862）年

元禄一五年 一七〇二 七月二八日

円山会議で討ち入りを表明

浅野大学の処分が決定

いつまでも動かない大石内蔵助に対して、江戸強硬派の面々は日に日に焦りを募らせる。しまいには内蔵助ら上方の同志たちから離反し、自分たちだけで吉良邸へ討ち入りしようとまで考えるようになっていた。

ところが七月一八日、事態は急変する。浅野大学長広の処分が「閉門を赦免し、松平安芸守《あきのかみ》（広島藩主浅野《あさの》綱長《つななが》）へのお預け」と決まったのである。実質的な改易処分であった。

この一報が江戸の吉田忠左衛門から内蔵助のもとにもたらされたのは二四日のことだった。

内蔵助はすぐさま上方の同志に連絡を取り、二八日、京・円山《まるやま》の安養寺《あんようじ》塔頭《たっちゅう》重阿弥坊《じゅうあみぼう》で会合を開いた（円山会議）。

赤穂浅野家再興の望みが完全に断たれた以上、もはや吉良上野介を討ち取る以外に道はない。ここに至り、内蔵助は一〇月を期して江戸に下り、吉良邸へ討ち入ることを決定した。

打ち砕かれた浅野家再興の夢

元禄15年（1702）7月18日、浅野大学長広は若年寄・加藤越中守明英の屋敷に出頭。閉門こそ許されたものの、浅野家本家の広島藩に妻子ともども引き取られることになった。

閉門を解き、
広島藩浅野家の
引き取りとする
御意…

若年寄加藤明英

浅野大学長広

7月22日、木挽町の屋敷が召し上げられる。29日、妻子とともに江戸を出発。8月21日、広島に到着した。以降、宝永6年（1709）まで、広島での生活を余儀なくされた。

↓

浅野家再興の夢が断たれる

浅野大学が本家に引き取られるということは、浅野家再興の道が断たれることを意味する。これにより、赤穂浪士は吉良邸討ち入りに向けて準備を開始することとなる。

大石内蔵助が行動を開始する

大石内蔵助のもとに浅野大学の一報が届けられたのは7月24日のことだった。内蔵助は江戸の吉田忠左衛門に今後のことを連絡すべく、24日に横川勘平を、25日に小野寺十内、小山源五右衛門を江戸へ派遣した。28日には円山会議を開催。事態は急転し、一行は主君の仇を取るべく、江戸へ下ることとなった。

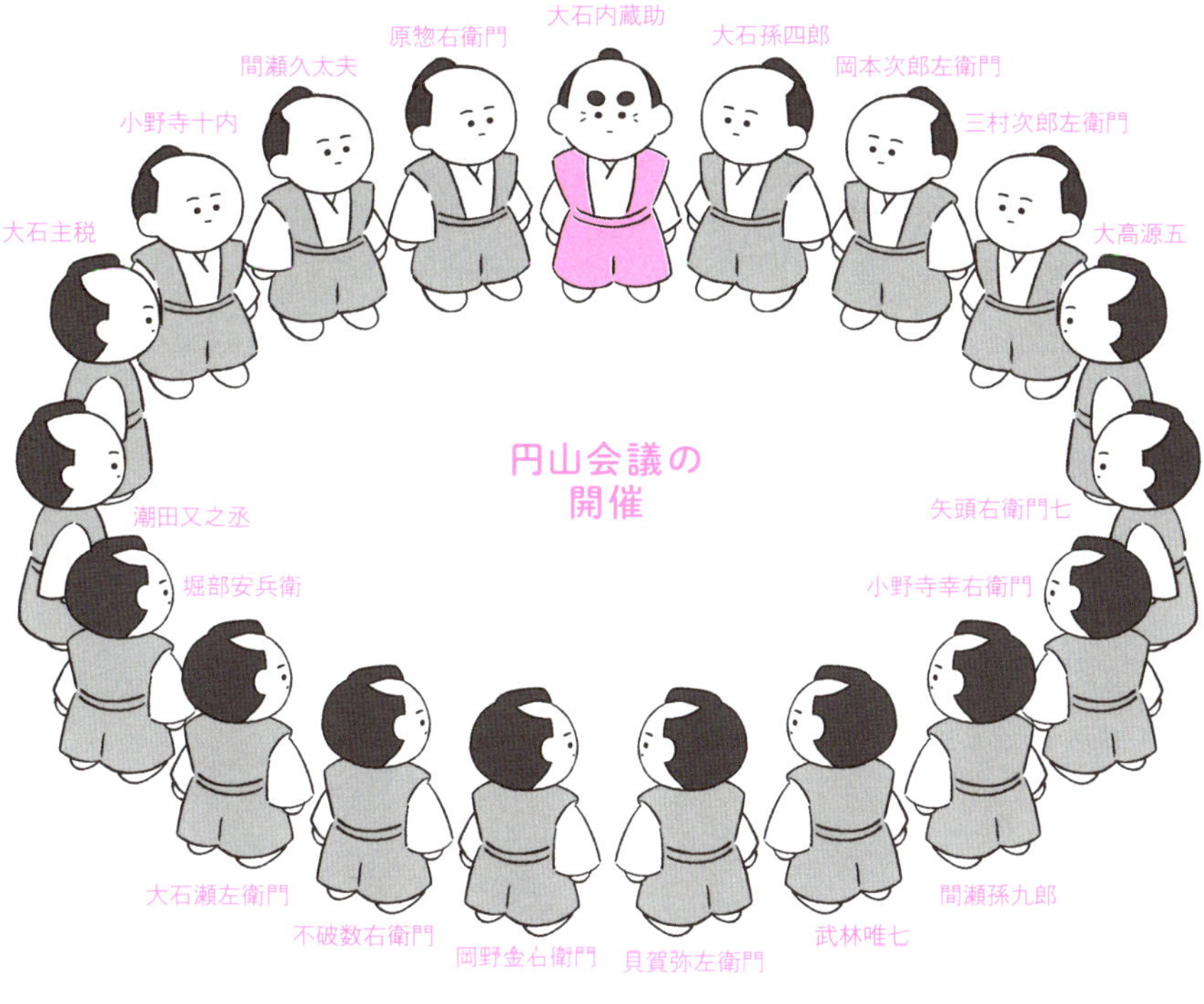

円山会議の会食代

安養寺の重阿弥坊の賃料、及び会議中の飲食費を合わせて、大石内蔵助は金1両（約12万円）を支払っている。1人当たりかかった費用は、約210文（約6,300円）である。現代でいうところのビジネスパーソンの会議・会食といったところか。支払いは、赤穂藩の元台所役人・三村次郎左衛門が担当した。

現在の円山公園の安養寺にあった六坊のひとつ重阿弥房で円山会議が開かれた。江戸時代、六坊は民衆が料理や歌舞を楽しむ「貸座敷」を営んでいた。

元禄一四年 一七〇一 七月下旬

討ち入りメンバーを選抜

意志を見極める神文返し

円山会議の決定を受け、赤穂浪士たちはいよいよ討ち入りに向けて行動を開始する。だが、赤穂浅野家再興の可能性が潰え、また、幕府が関所を固めて浪人改めを厳しく行なっているという噂が流れるに至り、離脱する者が相次いだ。その中には、大石内蔵助と最初から行動をともにしていた奥野将監《おくのしょうげん》や進藤源四郎《しんどうげんしろう》、小山源五右衛門《おやまげんごえもん》もいた。

これを受けて内蔵助は、いま一度同志の意志を見極めなければならないと考えた。そこで貝賀弥左衛門《かいがやざえもん》と大高源五を上方の同志のもとへ派遣。神文（起請文）から切り取った血判を返して回らせ、なぜ返すのかと尋ねる者がいれば、「大学殿が芸州（広島）にお引き取りになった以上、計画は取り止め、自分（内蔵助）は妻子のために働くので、それぞれも勝手次第に致してください」と答えさせた。そしてそれに腹を立て、「どうしても討ち入りがしたい」と申し出た者にだけ、真実を打ち明けさせたのであった。こうして、一二〇人ほどいた同志の半数以上が脱盟した。

脱盟する同志が続出

円山会議において吉良邸討ち入りを決定した赤穂浪士だったが、この頃から脱盟する者が続出した。

頭立った者が脱盟するのは大変残念だ…
大石内蔵助
もう一度浅野家再興を嘆願したい
討ち入り計画に納得いかず
奥野将監
小山源五右衛門
進藤源四郎

『波賀朝栄覚書』によると、内蔵助は「連判に頭立った者がいないと、内匠頭の家来の扱い方が悪いせいだと批判されること」が残念だと嘆いている。

内蔵助は同志の意志を見極めるため、厳しいテストを課すことに

同志の決意を確かめた意外な方法

脱盟する者が相次ぐ中、内蔵助は大高源五、貝賀弥左衛門の2人に連判状から切り取った血判を返して回らせ（神文返し）、上方の同志の真意を確かめた。

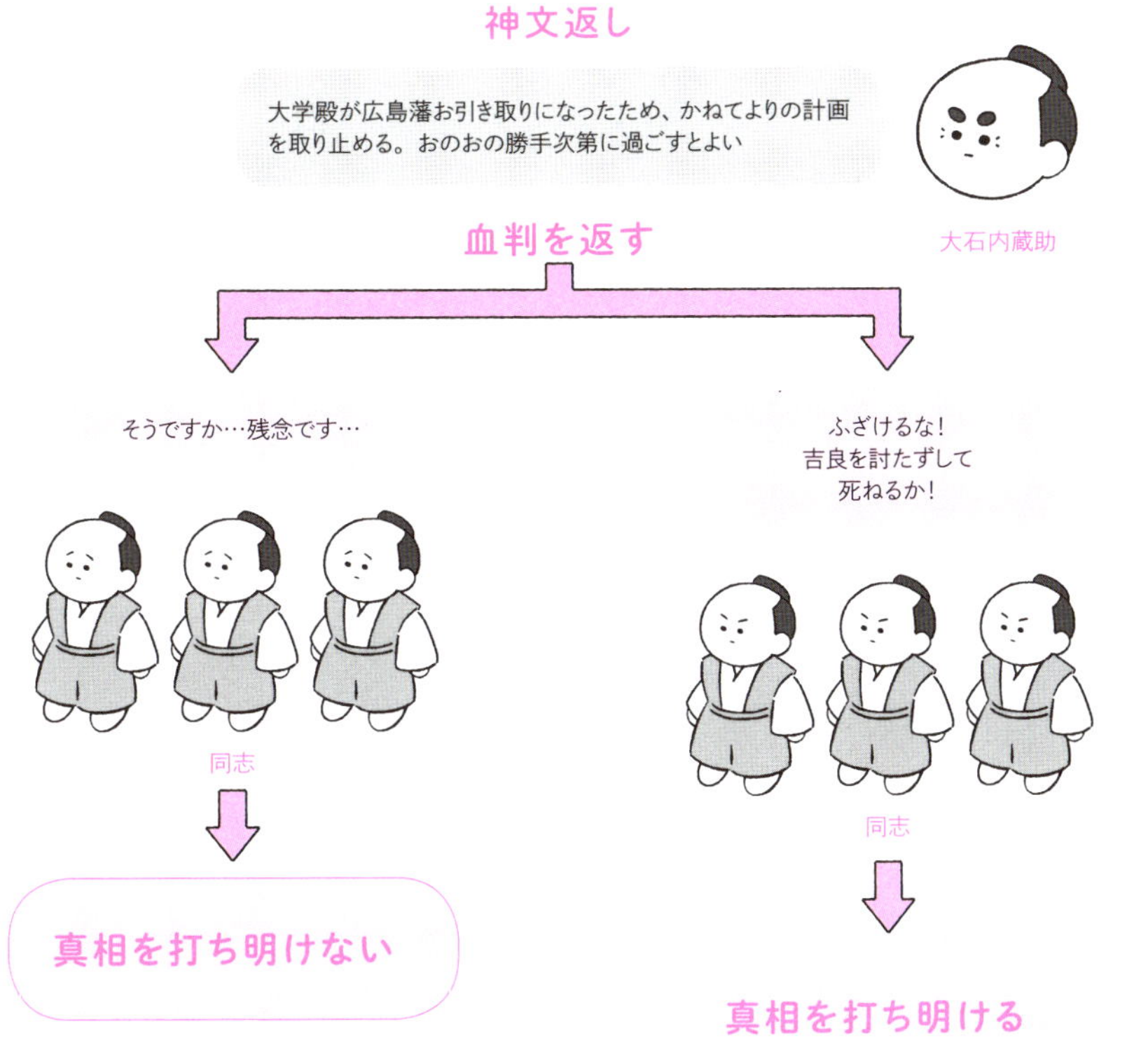

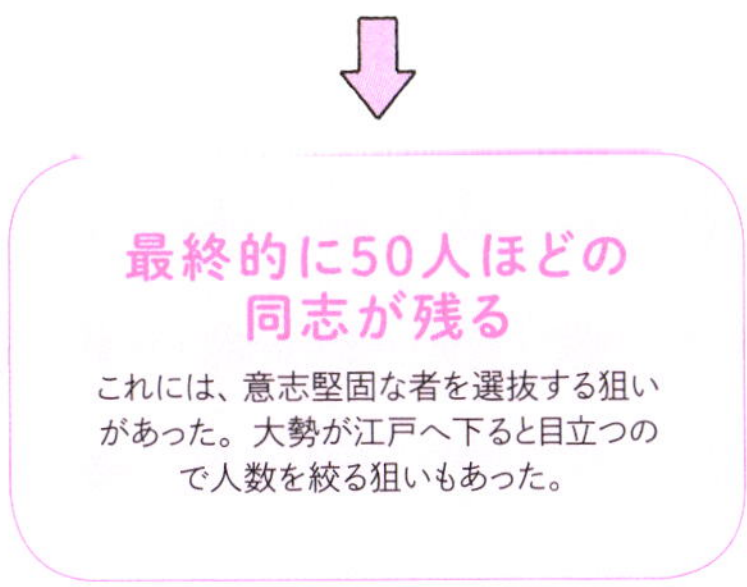

「神文返し」の費用

大石内蔵助の命を受け、大高源五、貝賀弥左衛門の両名は京、伏見、大坂、赤穂などを飛び回った。その際、2人は大石から旅費と雑費として金2両1分と銀5匁5分（約27万7千円）を支給されている。また大高は2度赤穂へ遣わされたようで、別途金1両1分と銀4匁2分を受け取った。相当の予算をかけて神文返しを行なっていることがわかる。

元禄一五年 一七〇二 閏八月

吉良邸偵察開始

江戸に集結する同志

吉良邸討ち入りに向け、上方にいた同志たちは次々と江戸に下っていった。閏八月二五日に岡野金《おかのきん》右衛門《えもん》、武林唯七《たけばやしただしち》、毛利小平太《もうりこへいた》が江戸に到着したのを手始めとして、一〇月中には大石内蔵助を除いたすべての同志が江戸に集結した。

このとき、すでに江戸在住の同志たちは吉良邸周辺の偵察を行なっていた。同志たちの江戸集結後は組織的となり、吉良上野介の本所屋敷、本所屋敷から米沢藩上杉家桜田上屋敷までの道筋、上杉家桜田上屋敷と白金下屋敷の人の出入りなどを徹底的に見張った。

また、一〇月には吉良邸の屋敷図を二枚入手している。ただし、上野介が入居して以降、部屋の模様替えが行なわれたという情報がもたらされたことから、それをもとに絵図を引き直すという作業が行なわれた。なお、吉良邸の屋敷は東西一三〇メートル、南北六〇メートルあり、部屋数は四〇ほどであったという。

10月にはみな江戸に到着

円山会議後、上方にいた赤穂浪士たちは続々と江戸入りを果たした。9月24日には大石内蔵助に先駆けて子の主税が江戸に到着しているが、これは江戸の同志たちに決意が変わらないことを示すための保証人としての意味合いが込められていたという。

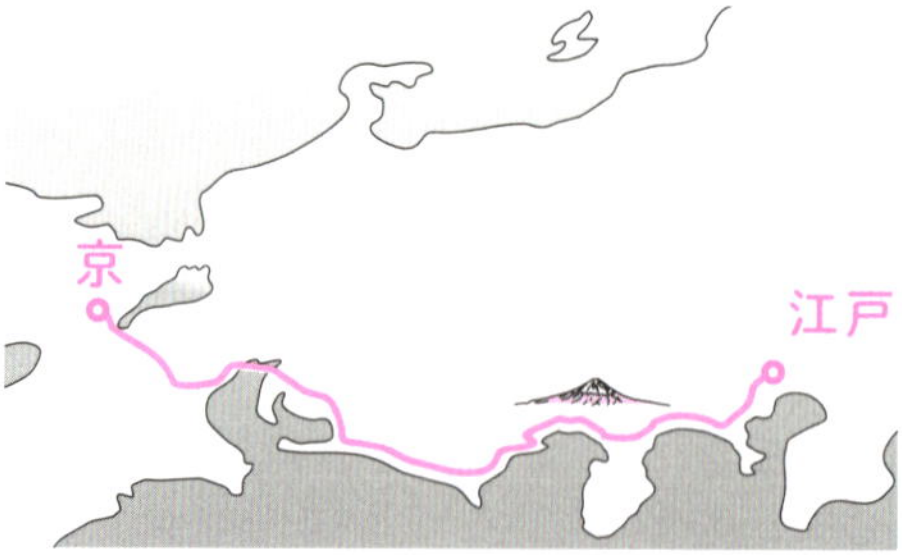

江戸到着日	人名
8月10日	堀部安兵衛
閏8月25日	岡野金右衛門、武林唯七、毛利小平太
9月2日	吉田澤右衛門、間瀬孫九郎、不破数右衛門
9月20日	木村岡右衛門
9月24日	大石主税、間瀬久太夫、茅野和助、大石瀬左衛門、矢野伊助
10月17日	原惣右衛門、貝賀弥左衛門、岡島八十右衛門、間喜兵衛
10月19日	小野寺十内

最後の旅費は総額約1,000万円

江戸へ下る際に各人に渡された路銀は1人につき原則3両（約36万円）だったが、中には借金の返済などの理由で余分に支給された者もいた。総額は金82両1分2朱、銀5匁8分5厘（約990万円）にのぼった。

内蔵助一行の旅費は計上されておらず、軍資金の乏しさを考え自分で賄ったものと思われる。

大石内蔵助に残された軍資金
あと約60両

吉良上野介の動向を探る同志

上方の同志が江戸に集結する中、閏８月５日、江戸にいた堀部安兵衛、倉橋伝助、杉野十平次、勝田新左衛門、横川勘平、吉田忠左衛門は討ち入りに備えて夜回りを開始した。

夜回りの範囲を決定

閏8月7日、吉田忠左衛門は夜回りの心得を書き記して堀部らに送った（右記）。こうして昼夜分かたず、12月13日まで見回りが行なわれた。

夜回りの心得

- □人通りの少ない夜９ツから暁７ツ（午前0時から午前4時）はとくに気をつけるように
- □吉良邸の周囲は辻番が見とがめるため、夜回りは無用。裏門近辺に住む神崎与五郎、前原伊助が人の出入りを見張る
- □吉良本所屋敷から上杉桜田上屋敷までの２筋の道、上杉桜田上屋敷、白金下屋敷を昼夜交代で見回る

吉良邸屋敷図を入手

見回りを続ける中で、赤穂浪士たちは10月、吉良邸の屋敷図面の入手に成功する。これによって討ち入りの計画を詰めたほか、討ち入り後、生存した者が集まって引き揚げる際のルート、吉良邸から回向院までの距離や、回向院から両国橋までの道筋などを実際に現地に行って確認した。

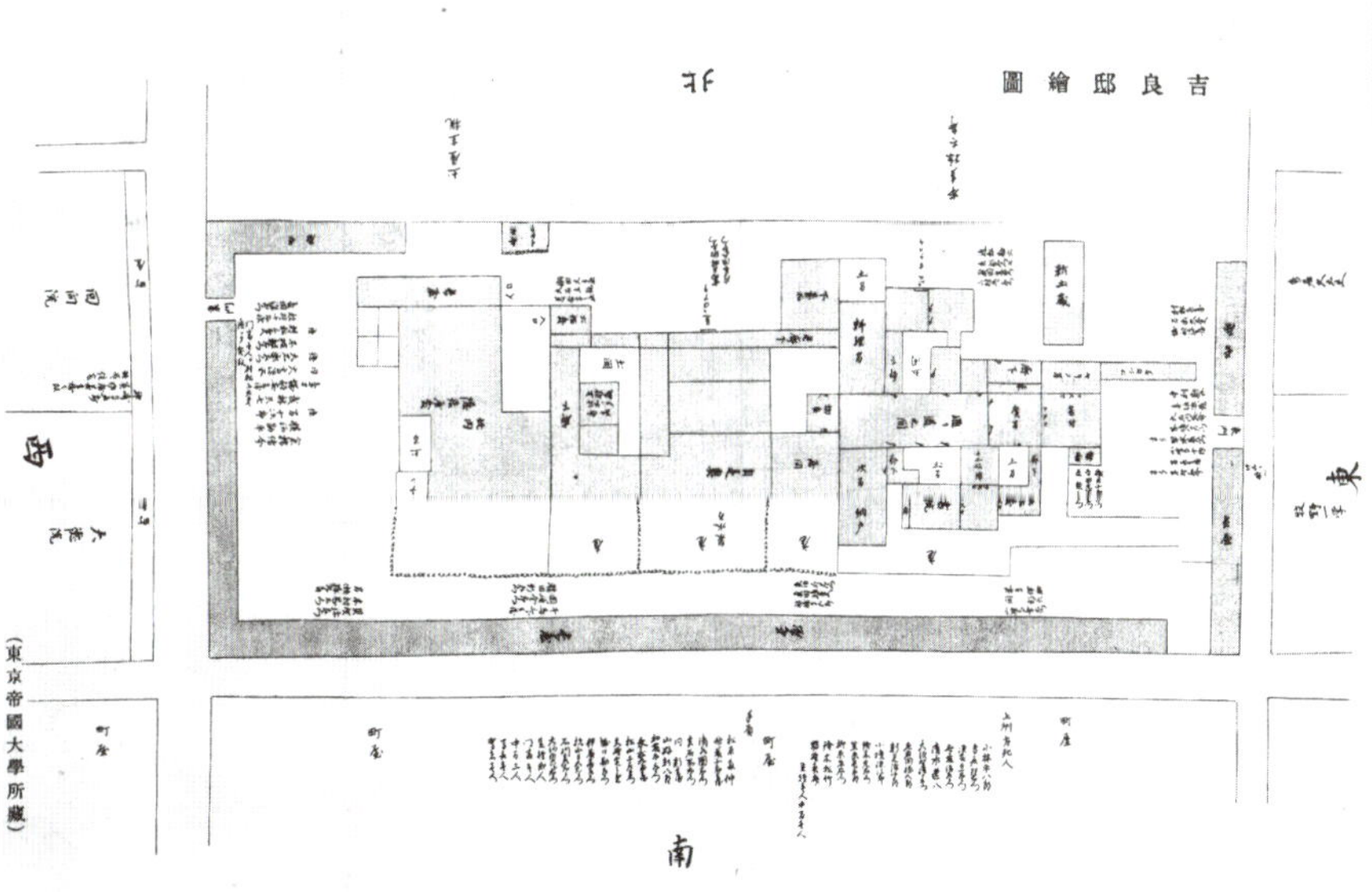

吉良屋敷図。『赤穂義士史料』中巻より。

元禄一五年 一七〇二 一〇月

赤穂浪士の隠れ家

変名で江戸に潜伏

江戸に集結した同志たちは、吉良邸がある本所を中心として糀町《こうじまち》や深川、日本橋、芝など江戸市中の様々な場所に潜伏した。

その際、赤穂浪士たちは替名《かえな》（変名）を用いた。たとえば、大石主税は訴訟のために上方から出てきた「垣見左内《かきみさない》」という人物に扮し、日本橋石町《こくちょう》三丁目の小山屋弥兵衛《おやまややひょうえ》裏店《うらだな》を借りている。のち江戸に入った大石内蔵助はその訴訟を援助するためにやって来た左内の叔父・「垣見五郎兵衛《ごろうびょうえ》」と名乗った。

江戸の取りまとめ役であった吉田忠左衛門は「田《た》口一真《ぐちかずま》」と名乗り、新糀町五丁目に住居を借りた。この場所は江戸に下向してきた同志たちの落ち着き先となった。同志たちはひとまずここに泊まり、そこから移動先を決めたのである。一方、堀部安兵衛は「長江長左衛門《ながえちょうざえもん》」と名乗って当初は両国橋近くの米沢町に住んでいたが、手狭であったため、内蔵助の江戸下向後、本所二ツ目通り林町五丁目に借家を二軒借りて同志たちの本拠としている。

生活に苦しむ赤穂浪士たち

吉良上野介を討ち果たすという志のもと、江戸で雌伏の時を過ごしていた赤穂浪士だったが、もはや家賃すら払えぬほどに窮乏していた。大石内蔵助はそんな同志を見兼ね、公金の中から彼らの生活費を援助した。

主な人物の生活補助

名目	金額	補助を受けた人物
10月分家賃	銀26匁（約5万2000円）	堀部安兵衛、倉橋十左衛門、毛利小平太ら
10月分家賃	銭850文（約2万5500円）	杉野十平次、勝田新左衛門、武林唯七
10月分家賃	銀24匁（約4万8000円）	間喜兵衛ら4名
10月分家賃・番銭	金2分2朱・銭438文（約7万5000円）	吉田忠左衛門
11月中飯料	金4両・銀9匁3分（約49万8600円）	堀部安兵衛ら6名
11月中飯料	金1両2分（約18万円）	勝田新左衛門ら3名
11月中飯料	金2両（約24万円）	間喜兵衛ら4名
11月中飯料	金2分（約6万円）	不破数右衛門
勝手指し詰まり	金3両（約36万円）	奥田孫太夫
勝手指し詰まり	金3両（約36万円）	早水藤左衛門
拠なき入用	金1両（約12万円）	村松喜兵衛

赤穂浪士の主な潜伏先

江戸に下向した赤穂浪士らは変名を使い、江戸市中の様々な場所に部屋を借りて潜伏した。

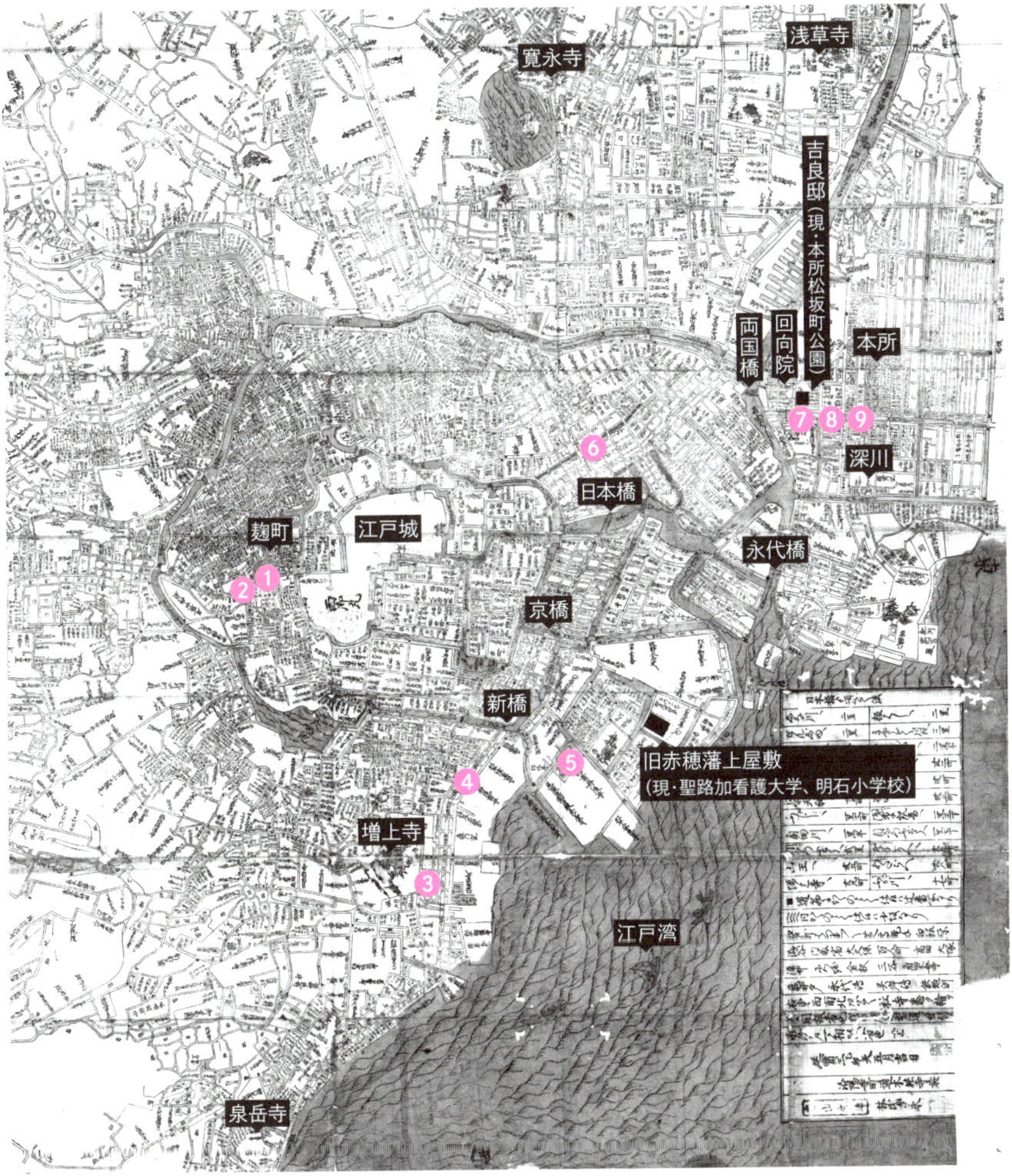

❶新糀町４丁目

和泉屋五郎兵衛店に中村勘助、間瀬久太夫、間瀬孫九郎ら６名、裏町の大屋七郎右衛門店に千馬三郎兵衛、間喜兵衛ら５名。

❷新糀町５丁目

大屋喜右衛門表店に吉田忠左衛門、原惣右衛門ら５名。

❸芝源助町

礒貝十郎左衛門、村松三太夫、茅野和助。

❹芝通町浜松町

檜物屋惣兵衛店に赤埴源蔵、矢田五郎右衛門。

❺南八丁堀

村松喜兵衛（のち本所へ移動）。

❻日本橋石町３丁目

小山屋弥兵衛裏店に大石内蔵助、大石主税ら８名。

❼本所二ツ目相生町３丁目

前原伊助、神崎与五郎。

❽本所林町５丁目

紀伊国屋店に堀部安兵衛、毛利小平太ら７名。

❾本所三ツ目横町（徳右衛門町）

紀伊国屋店に杉野十平次、武林唯七、勝田新左衛門。

元禄一五年（一七〇二）一一月五日

大石内蔵助の江戸入り

討ち入りまでの心得を訓令

続々と同志が江戸に集結する中、大石内蔵助が京を立ったのは一〇月七日のことであった。同行したのは、内蔵助の家来二人と、潮田又之丞《うしおだまたのじょう》、近松勘六《ちかまつかんろく》、早水藤左衛門《はやみとうざえもん》、菅谷半之丞《すがやはんのじょう》、三村次郎左衛門《みむらじろうざえもん》である。二一日、一行は箱根に到着。箱根神社で討ち入りの成功を祈願したのち、翌二二日に鎌倉に入った。

一方、江戸の吉田忠左衛門は内蔵助を出迎えるべく、二一日未明、冨森助《とみのもりすけ》右衛門《えもん》、中村勘助《なかむらかんすけ》、瀬尾孫《せおまご》左衛門《ざえもん》とともに川崎宿の脇宿・平間《ひらま》村に入った。この村にあった冨森の屋敷をしばらくの間、内蔵助の宿所とすることになっていたためである。

二二日早朝、鎌倉で忠左衛門の出迎えを受けた内蔵助は鶴岡八幡宮《つるがおかはちまんぐう》で再度討ち入りの成功を祈願し、二六日に平間村に入った。内蔵助はここで討ち入りの計画を練るとともに、討ち入り時の服装や武器、また決して計画を他人に漏らさないことなどを同志たちに通達。そして一一月五日、ついに江戸入りを果たした。

大石内蔵助の行程

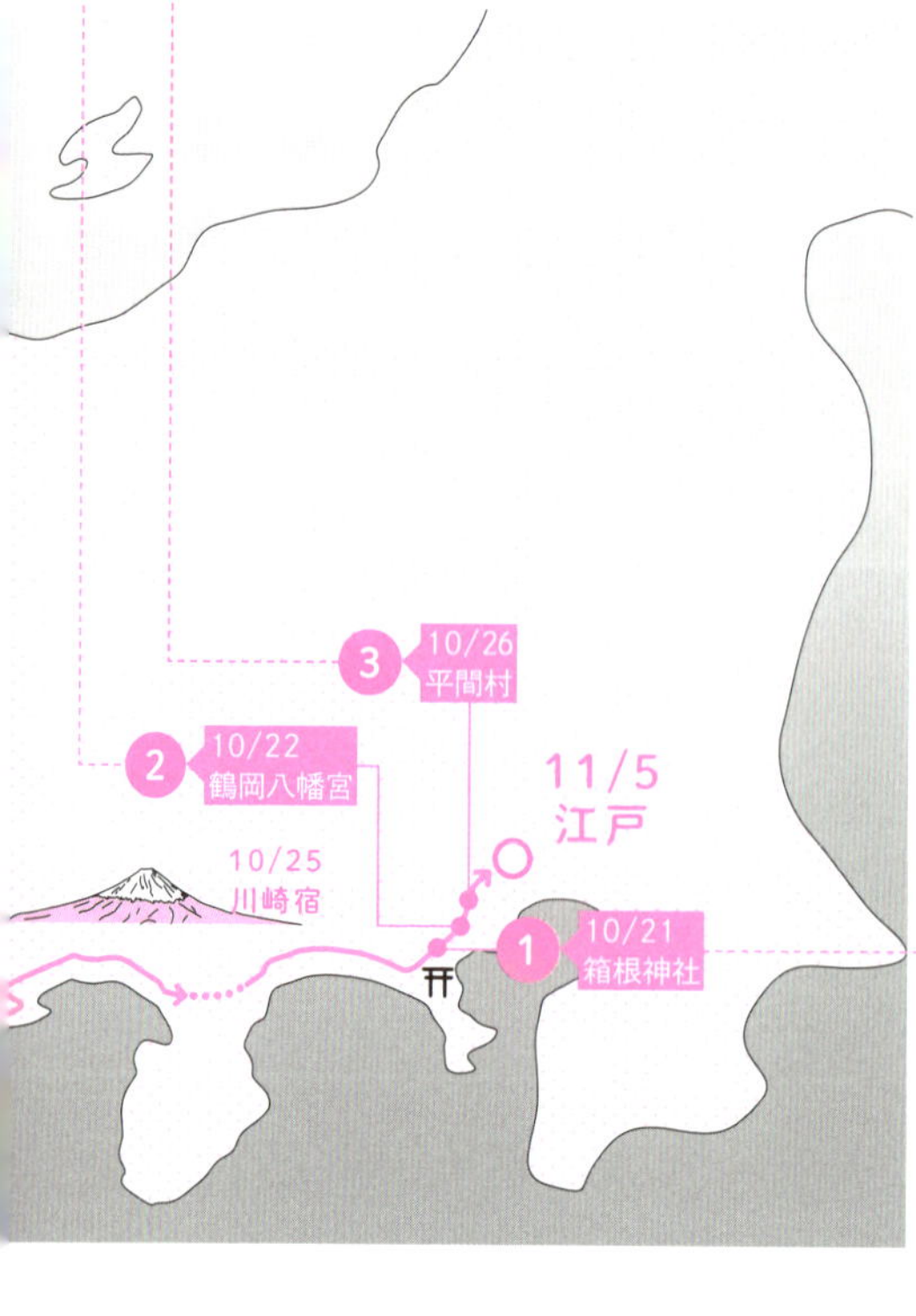

3 10/26 平間村
2 10/22 鶴岡八幡宮
11/5 江戸
10/25 川崎宿
1 10/21 箱根神社

1 10月21日 箱根神社 討ち入り成功を祈願

10月7日に京を出立した大石内蔵助一行は21日、箱根に到着。箱根権現（現・箱根神社）で討ち入り成功祈願を行ない、曾我兄弟の墓石を欠いてお守りとした。

墓石を少し削って紙に包んで懐に
曾我兄弟の墓
大石内蔵助

建久4年（1193）に曾我十郎祐成、五郎時致の兄弟が父の仇・工藤祐経を討った事件は江戸時代、歌舞伎の人気題材として好評を博していた

大石内蔵助に
残された軍資金
ほぼ0両

平間村での滞在費は約55万円

大石内蔵助はまず、川崎宿まで一行を出迎え、平間村まで案内した冨森助右衛門、中村勘助に路銀として銭2貫80文（約6万2400円）を支給した。また、平間村の滞在費、及び諸道具の調達代として、金4両・銭350文（約49万円）を冨森に渡している。なお、この頃にはすでに軍資金が尽きかけていた。

2 10月22日　鶴岡八幡宮 討ち入り成功を祈願

10月22日、大石一行は鎌倉に到着。内蔵助は江戸から迎えに来た吉田忠左衛門とともに鶴岡八幡宮に参拝し、討ち入りの成功を祈願した。

康平6年（1063）の創建。治承4年（1180）、源頼朝が現在地に遷座し、幕府の鎮守神として崇拝した。以降、武家の崇敬を集める。

3 10月26日　平間村 討ち入りの計画を練る

10月25日、川崎宿に宿泊した大石一行は翌日、平間村に入った。内蔵助は江戸詰の馬廻・冨森助右衛門の家を拠点として討ち入りの計画を練ったのち、11月5日、江戸に入った。

押さえておきたい!

忠臣蔵のお土産

②

column

元禄浪士あま酒

江戸時代、永代橋の東詰には乳熊屋という味噌店があった。初代竹口作兵衛は赤穂浪士の一人・大高源五の俳諧仲間であったといい、見事主君の仇を取った赤穂浪士たちに甘酒粥を振る舞ってその労をねぎらった。そして源五は返礼として棟木に「味噌四海遍し」と書き、また「ちくま味噌」と書いた看板を残していったと伝わる。

残念ながらこの看板は関東大震災時に逸失してしまったというが、乳熊屋はいまも「ちくま味噌」として営業を続けており、当時の甘酒粥を復刻した「元禄浪士あま酒」を販売している。砂糖を使用していないので、甘酒本来の優しい甘さを味わうことができる。

なお、現在は店頭での販売は行なっておらず、通信販売限定となっている。

お店DATA

ちくま味噌

住所　東京都江東区佐賀1-1-15
URL　http://www.chikuma-tokyo.co.jp/index.html

第三章

いざ、討ち入り

元禄一五年（一七〇二）一〇月

討ち入り前に吐露した思い

浪士たちは本当は何を考えていた？

吉良《きら》邸へ討ち入る日が刻々と近づいてくるに至り、赤穂浪士たちはそれぞれ家族や知り合いに最後の別れを告げる手紙を送った。

それらに共通するのは、この時点ですでに死を覚悟しているという点である。

赤穂浪士たちは、吉良邸へ討ち入るという行動が罪に問われるということは重々承知の上であった。だがこれは、武士としてどうしても果たさなければならない「義務」だった。

主君・浅《あさ》野《の》内匠頭《たくみのかみ》が起こした刃傷事件は彼らにとっては吉良上野介《こうづけのすけ》との「喧嘩」であり、上野介だけが処罰を受けないというのは「喧嘩両成敗」という天下の大法の原理からいくと、あり得ないことだったためである。

彼らに「私心」などは一切なく、胸の内にあったのはただ「大義のために行動する」という思いのみだった。

幕府の厳しい処分を覚悟していた

いざ討ち入りが近づくにあたり、赤穂浪士たちは近縁の者に対して別れを惜しむ手紙を送った。「武士道」という武士の道徳にのっとって、大義のために私心を捨て、愛する者との辛い別れに耐えて、討ち入りに参加したのだ。「再就職のためだった」という見方をされることもあるが、浪士たちは幕府の厳しい処分による死を覚悟していたので、それは誤りである。

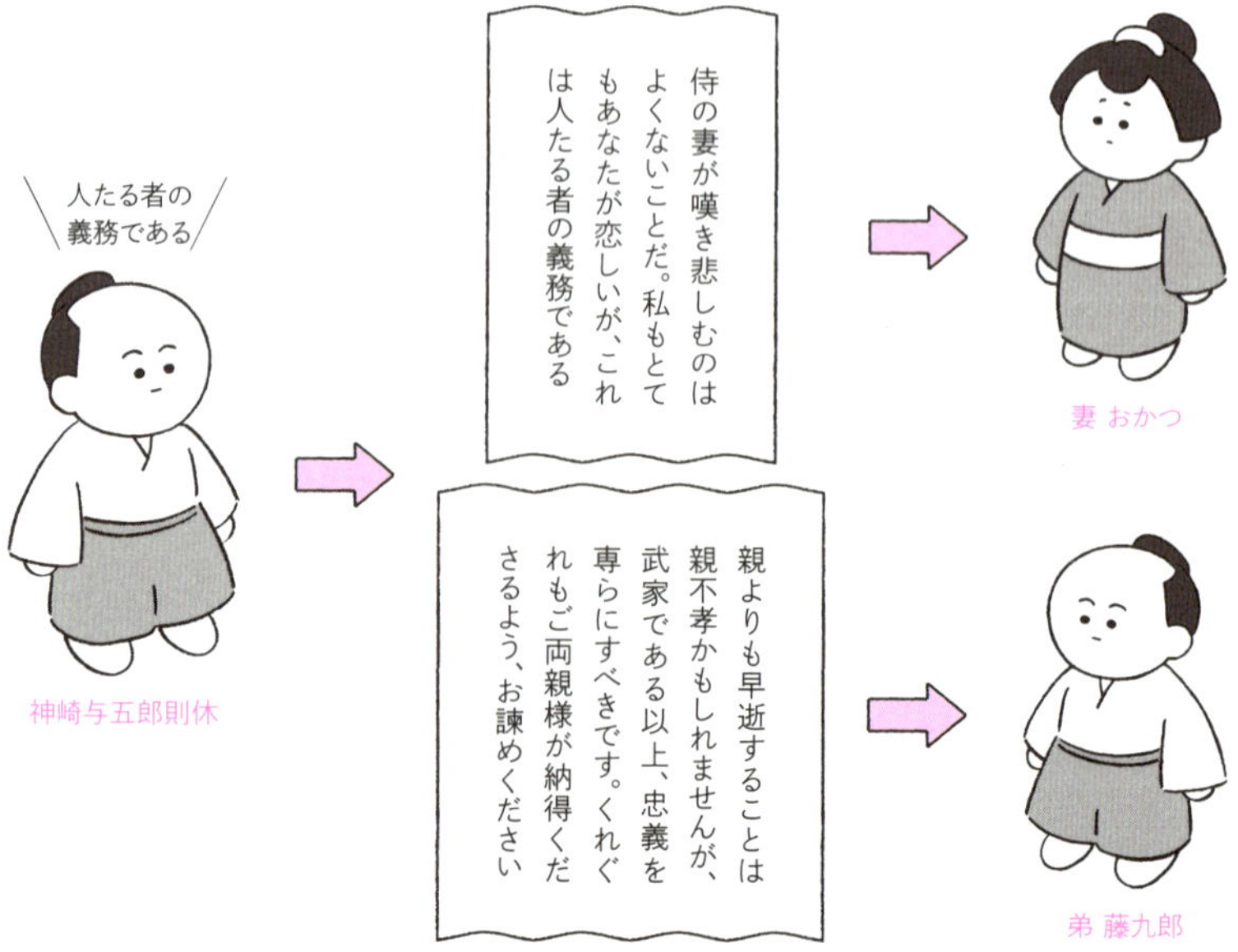

人たる者の義務である
神崎与五郎則休
侍の妻が嘆き悲しむのはよくないことだ。私もとてもあなたが恋しいが、これは人たる者の義務である
妻 おかつ
親よりも早逝することは親不孝かもしれませんが、武家である以上、忠義を専らにすべきです。くれぐれもご両親様が納得くださるよう、お諌めください
弟 藤九郎

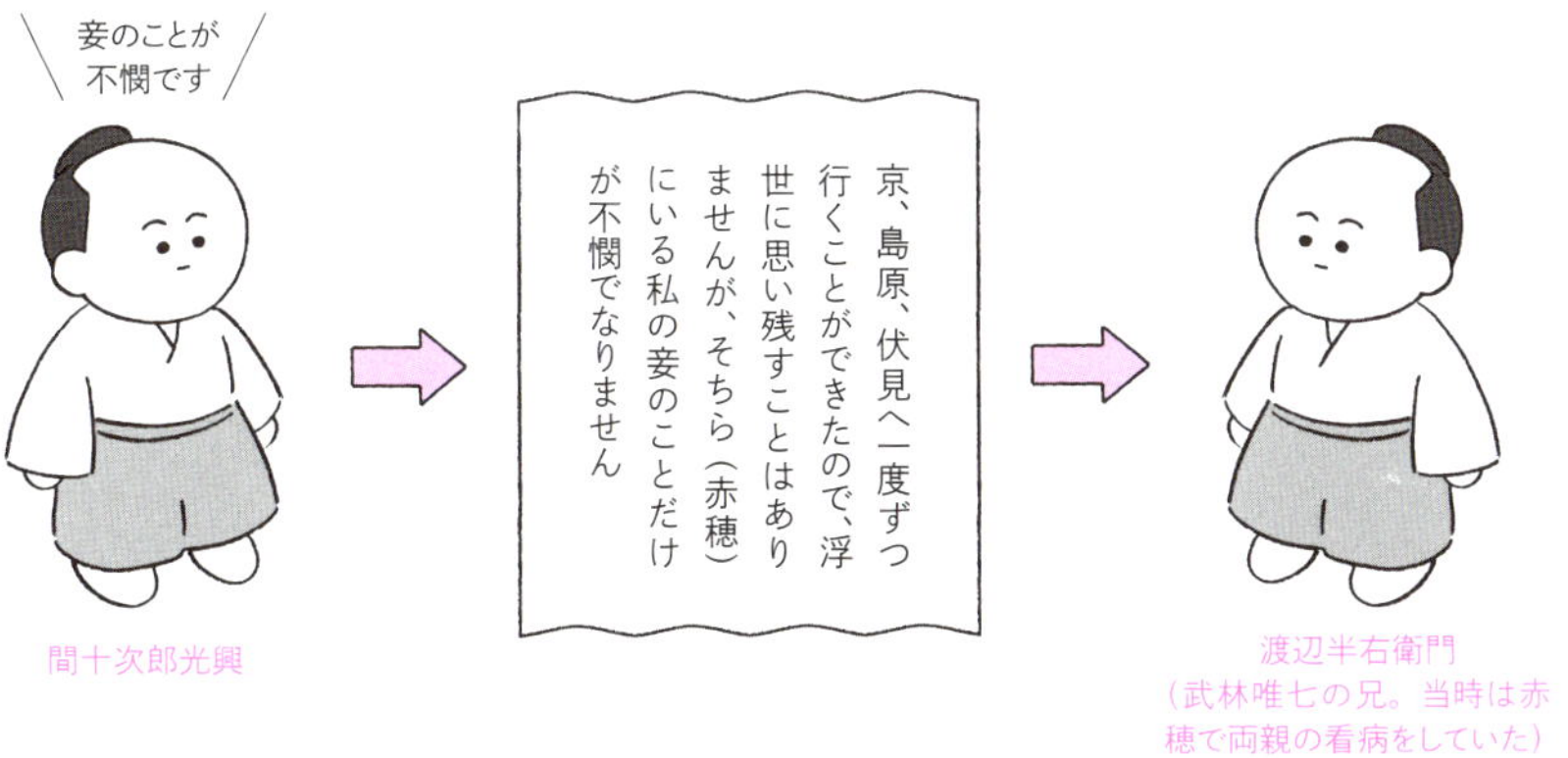
妾のことが
不憫です
京、島原、伏見へ一度ずつ行くことができたので、浮世に思い残すことはありませんが、そちら（赤穂）にいる私の妾のことだけが不憫でなりません
間十次郎光興
渡辺半右衛門
（武林唯七の兄。当時は赤穂で両親の看病をしていた）

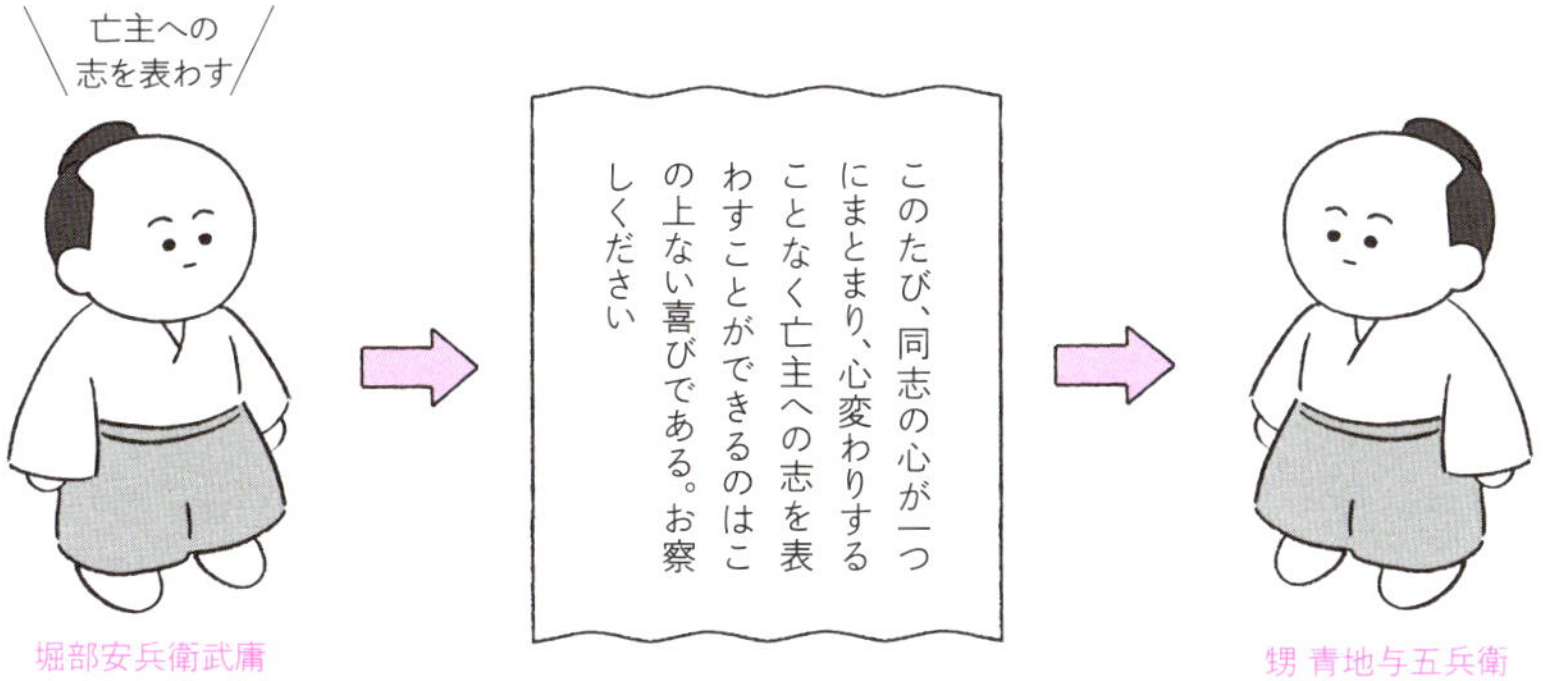
亡主への
志を表わす
このたび、同志の心が一つにまとまり、心変わりすることなく亡主への志を表わすことができるのはこの上ない喜びである。お察しください
堀部安兵衛武庸
甥 青地与五兵衛

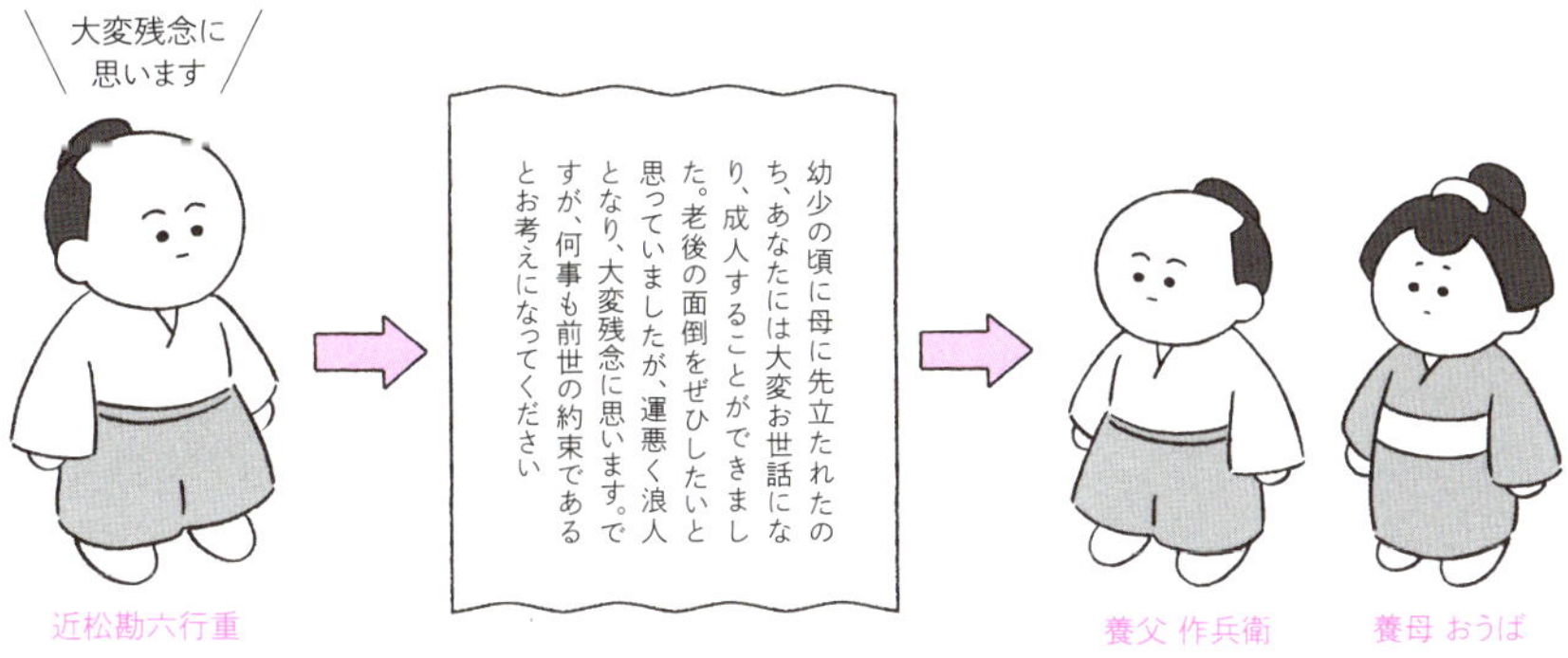
大変残念に
思います
幼少の頃に母に先立たれたのち、あなたには大変お世話になり、成人することができました。老後の面倒をぜひしたいと思っていましたが、運悪く浪人となり、大変残念に思います。ですが、何事も前世の約束であるとお考えになってください
近松勘六行重
養父 作兵衛
養母 おうば

赤穂浪士たちは老人を殺した殺人集団なのか？

赤穂浪士は大勢で一人の老人を殺した殺人集団だという意見もあるが、それは歴史の正しい見方とはいえない。歴史上の人物の行動は、その時代の社会観念や道徳を下敷きにして見なければならない。浪士からすると主君の浅野内匠頭は吉良上野介と喧嘩をし、喧嘩の結果、主君が切腹になった以上は、上野介も処罰を受けなければ喧嘩両成敗という「天下の大法」が実現されていないことになる。浪士たちがこの処分が「片落ち」であることを訴えても幕府がこたえてくれない以上は、暴力を使ってでも「正義」を実現しなければならない。現代的な観念から、暴力に訴えてはならないとか、義よりも家族への愛情が大切だなどといっても、江戸時代の武士社会では「武士道」という道徳が何よりも優先される。

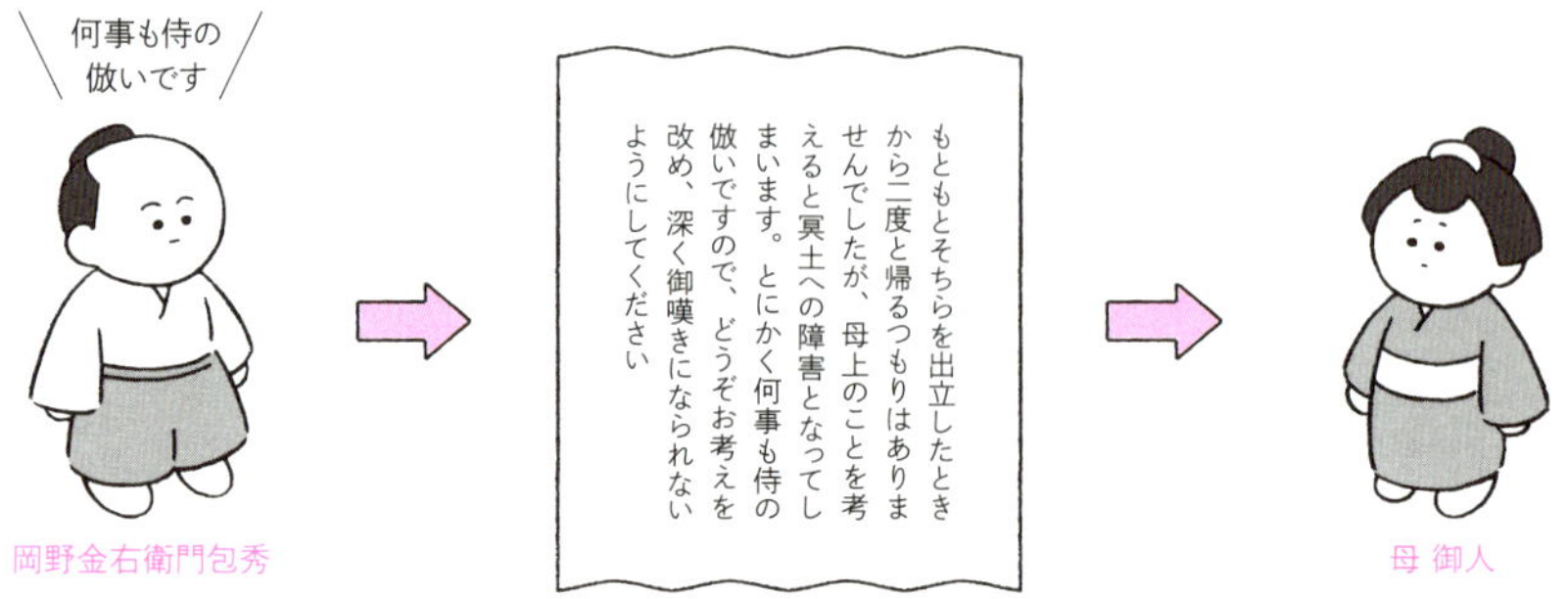

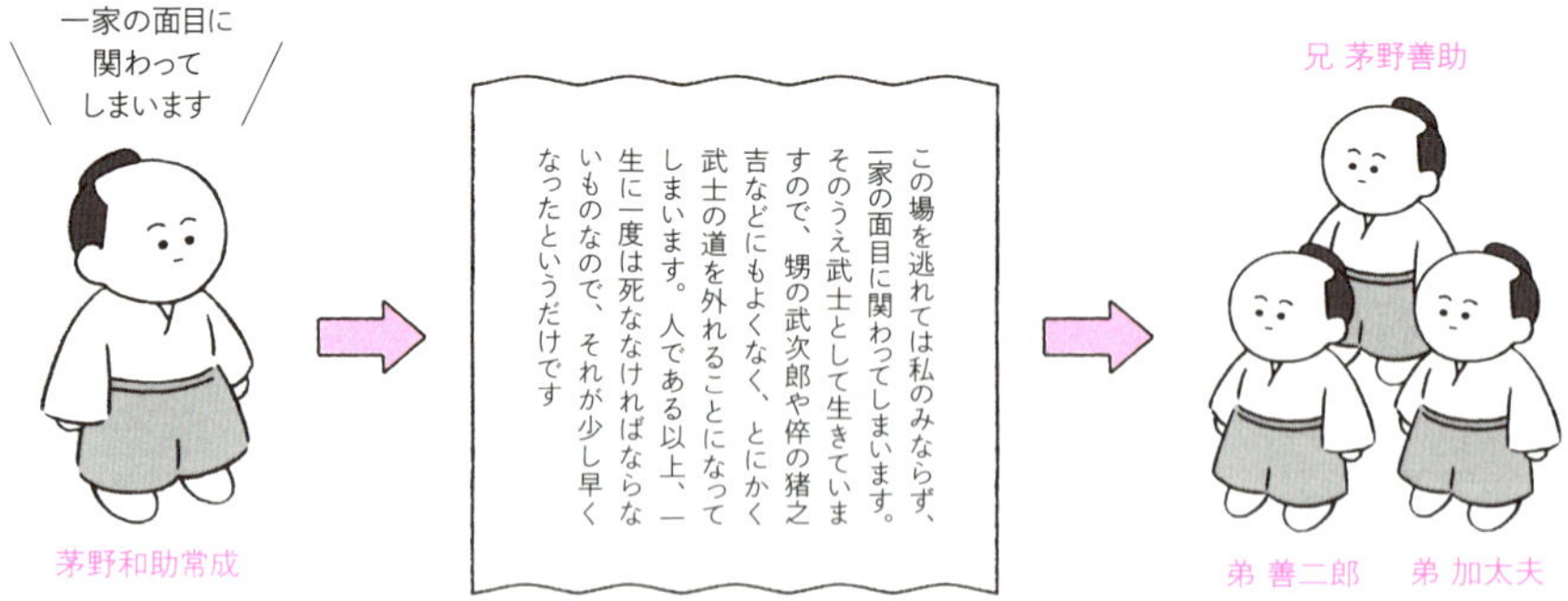

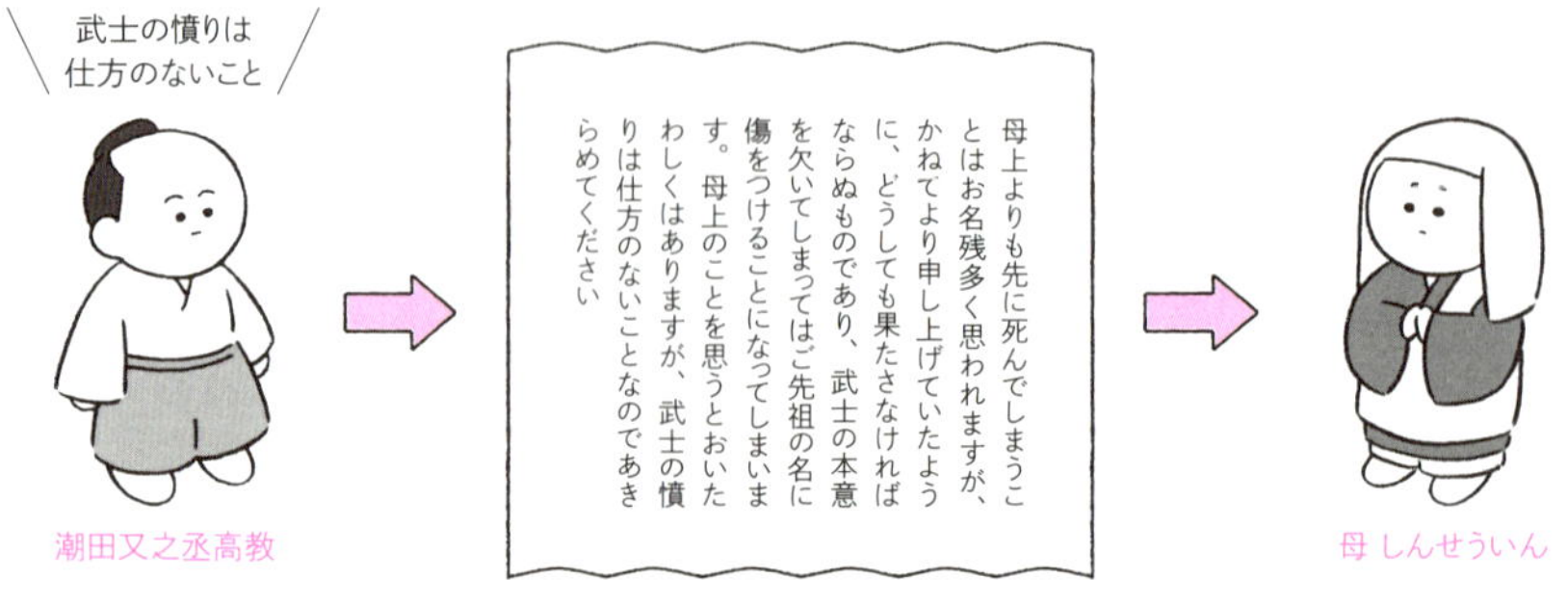

私事で捨てる命
ではありません

大高源五忠雄

これが最後の手紙となります。母上よりも先立ってしまう不孝の罪、後の世が恐ろしく思われますが、決して私事で捨てる命ではありませんので、どうぞその罪をお許しください。とにかくあまり深く御嘆きにはならず、私のために御念仏を唱えてくださるよう、お願いいたします

母 御人

妻子たちは
大変な目に
あうことでしょう

岡島八十右衛門常樹

かねてより決心していたことですが、申し合わせていた者どもは止まることはできず、右のようなことになりました。そちらにいる私の妻子たちは大変な目にあうことでしょう。不憫に思います

前川弥四郎　八木新十郎

志の邪魔に
なるので
申し入れた

大石内蔵助良雄

玄渓（赤穂藩の藩医）に頼んだ二条の妾の出産の事も、無事産まれたのであれば少し金銀を与え、どこでもいいので玄渓が養子に遣わしてほしい。この期に及んで不要な心遣いだが、志の邪魔になるので申し入れた次第です。吉之進（次男）のことは承知しました。まさか出家するとは思いませんでしたが、仕方のないことです

知り合いの僧

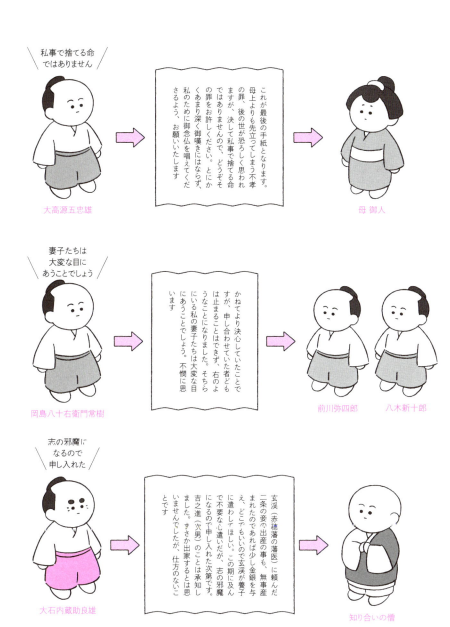

元禄一五年（一七〇二）一二月

討ち入り道具の購入

用意周到な準備

討ち入りを確実に成功させるためには、当然、それなりの武器、道具が必要となる。武士である以上、みな大小の刀は常に身につけていたが、それだけでは屋敷に乗り込むことはできない。そこで大石内蔵助は江戸入り後、押し込み道具一式を購入している。鎗や長刀といった武器をはじめ、鎖で身体を覆う「着《き》込《こみ》」、門扉《もんぴ》を壊すための「掛矢《かけや》」、塀を乗り越えるための「竹梯子《たけばしご》」、吉良上野介の首級を挙げたときに仲間に合図するための「ちゃるめるの小笛」、さらには吉良邸の長屋の戸を打ちつけるための「かなづち」や「鎹《かすがい》」なども用意している。討ち入り前の準備に手抜かりはなかった。

討ち入り時の衣服については、内蔵助から細かな指示が出された。全員黒の小袖《こそで》で統一し、帯は右の脇で結び、下帯は前下がりで外れないように。さらに股引《ももひき》、脚絆《きゃはん》をつけ、履物《はきもの》は草鞋《わらじ》を用いることとされた。

討ち入りのために準備した主な武具

げんのう

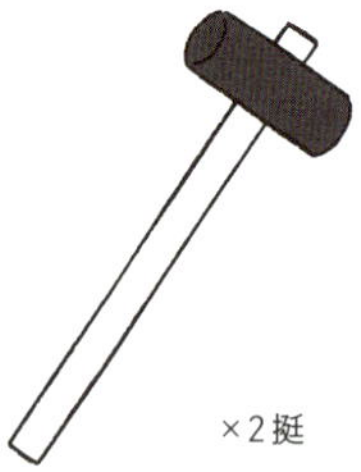

×2挺

まさかり

×2挺

鎗

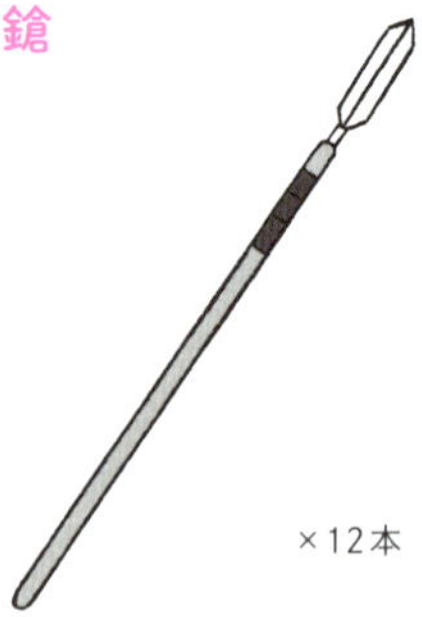

×12本

ちゃるめるの小笛

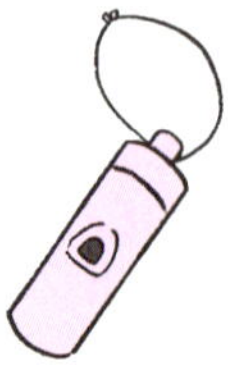

×人数分

吉良上野介を討ち取ったときの合図用

弓

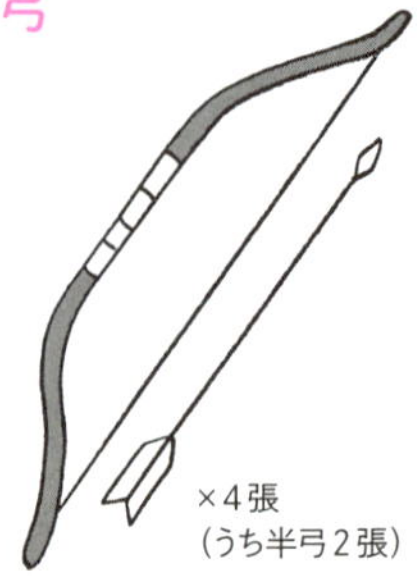

×4張
（うち半弓2張）

長刀

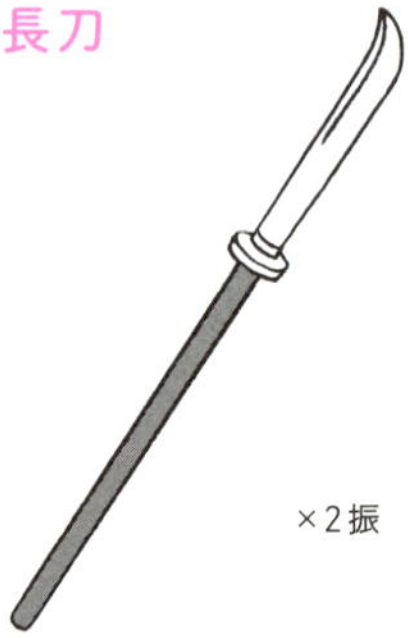

×2振

統一された赤穂浪士の服装

武器

それぞれの得手に応じて自由

帯

結び目は右の脇とする

下半身

股引と脚絆を着用。履物は草鞋を使用

小袖

黒色で統一。同志とわかるように右の袖部分を白布1巾で包んだ

着込

小袖の下には鎖帷子を装着

下帯

ふんどしは前下がりで外れないようにする

武具購入費
約132万円

『金銀請払帳』によると、大石内蔵助は討ち入りのために着込やはちがね、鎗、弓矢などの武具を金6両3分2朱・銀205匁7分・銭1貫764文（約132万円）で購入した。だがそこには、たいまつやげんのう、ちゃるめるの小笛などの道具類の購入は記されていないことから、これらの物は別の資金源、亡君の正室・瑤泉院の利銀（塩田運用の利子収入）などから供出された可能性が考えられる。

竹梯子

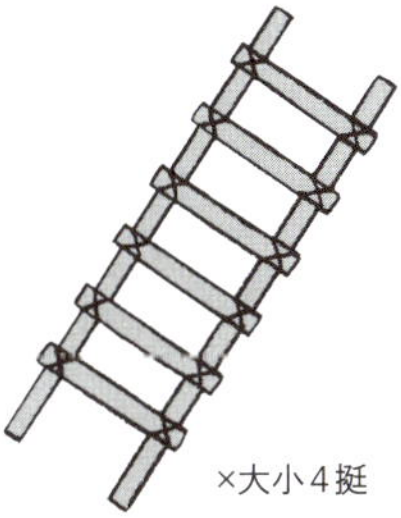

×大小4挺

屋敷に乗り入れる

たいまつ

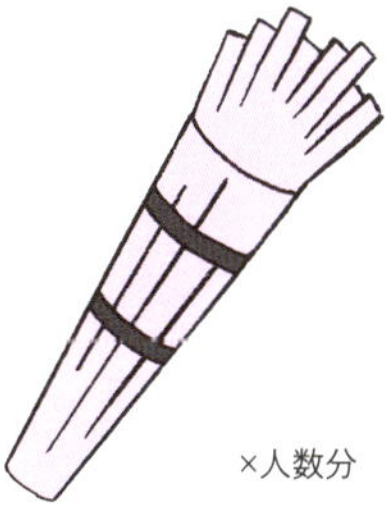

×人数分

掛矢

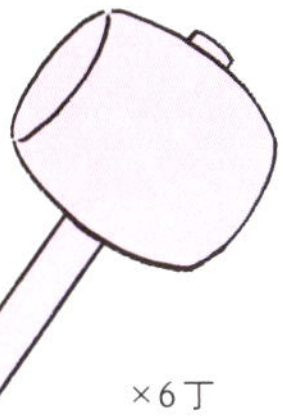

×6丁

門扉を壊す

かなづち

×2丁

戸口を鎹（かすがい）で打ちつける

※『寺坂私記』による

元禄一五年 一七〇二 一一月

逃亡する同志

残ったのは四八人

「大義のために行動する」には、何よりも死をも辞さない強い覚悟が必要だった。だが、いよいよ討ち入りが間近に迫って来ると、臆病風に吹かれた者らの逃亡が続出した。

まず一一月四日には、元小姓の田中貞四郎《たなかさだしろう》が逃走した。貞四郎は浅野内匠頭の寵愛を篤く受けていたといい、内匠頭の切腹後には落髪して死に殉じたほどであったが、江戸で酒に溺れたのだという。

二〇日には中田理平次《なかたりへいじ》（元馬廻）、二九日には中村《なかむら》清右衛門《せいえもん》（元近習）と鈴田重八郎《すずたしげはちろう》（元小姓）が逃走した。横川勘平《よこかわかんぺい》の手紙によると、江戸市中で赤穂浪士討ち入りの噂が流れていることに恐れをなしたということである。

さらに一二月二日には小山田庄左衛門《おやまだしょうざえもん》（元馬廻）が小袖と金子《きんす》を盗んで逃亡。六日には大石内蔵助の家来である矢野伊助《やのいすけ》と瀬尾孫左衛門《せおまござえもん》までもが姿を消した。こうして逃亡者が相次いだ結果、残ったのは四八人となった。

江戸市中に赤穂浪士討ち入りの噂が流れる

赤穂浪士が討ち入りの機会を待っている中、江戸の町では「赤穂浪士が吉良邸に討ち入ること」、そして「きっと失敗するに違いない」という悲観的な噂が蔓延した。すでにこのとき、赤穂浪士の計画が外にもれていたことがわかる。

恐怖に駆られた同志が脱走する

いよいよ討ち入りの時が迫る中、恐怖に怯えて逃げ出す同志が続出した。討ち入り直前にして脱走した者は卑怯者とののしられたが、一方で、横川勘平のように脱走者に同情の目を向ける者もあった。

日付	逃走者
11月4日	浅野内匠頭の元小姓・**田中貞四郎**が戦線離脱
11月20日	**中田理平次**（元馬廻）が逃走
11月29日	**中村清右衛門**（元近習）と**鈴田重八郎**（元小姓）が逃走
12月2日	**小山田庄左衛門**（元馬廻）が小袖と金子を盗んで逃亡
12月6日	大石内蔵助の家来である**矢野伊助**と**瀬尾孫左衛門**が姿を消す

恐怖心に打ち勝ち、家族への思いを断ち切った
同志は48人！

脱走者に対する赤穂浪士の反応

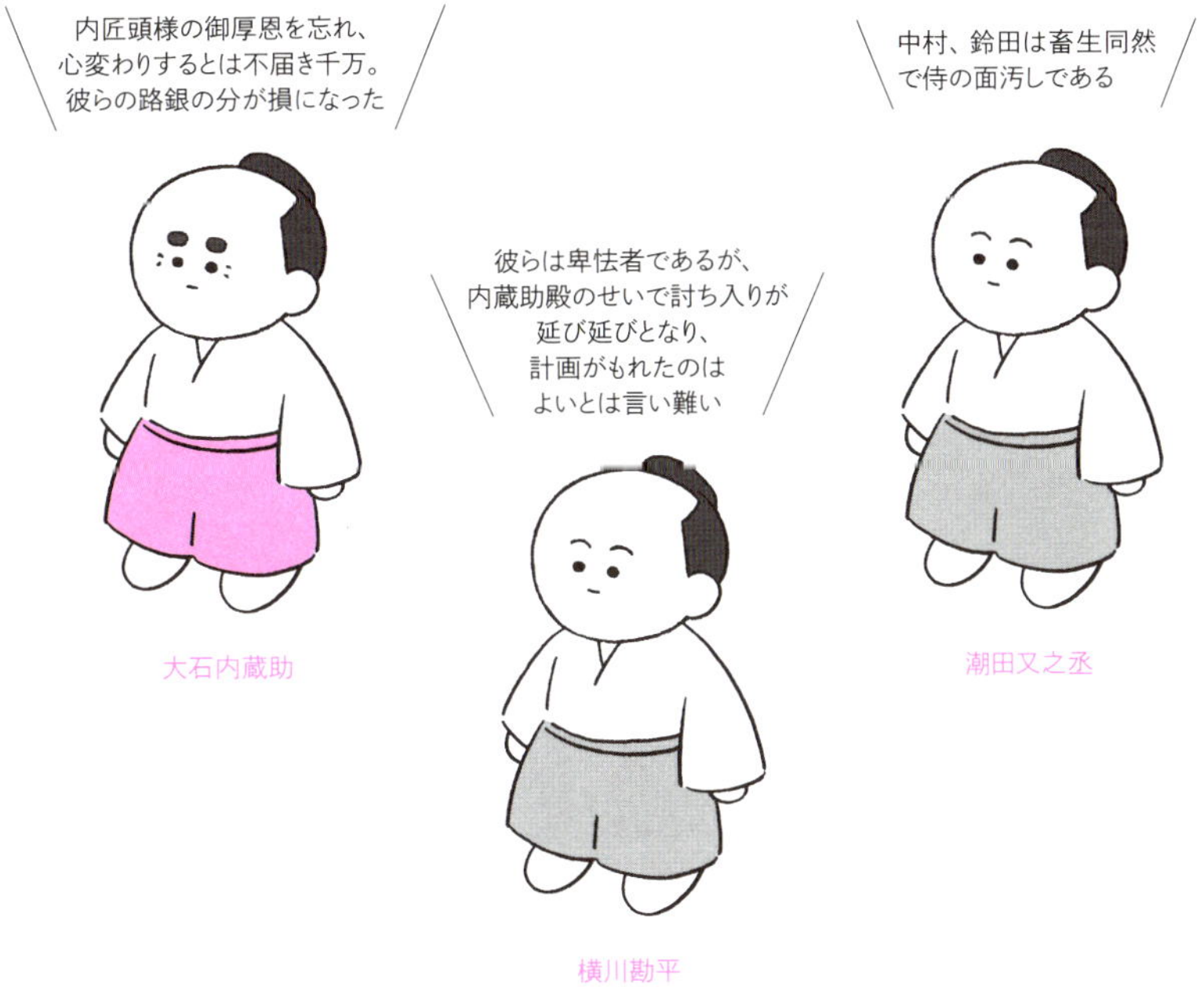

元禄一五年 一七〇二 一一月二九日

討ち入り費用の決算

すでに尽きていた軍資金

一一月二九日、大石内蔵助は討ち入り準備に要した経費を締め、瑤泉院付用人《ようにん》・落合与左衛門《おちあいよざえもん》に子細を記した帳面と領収書を送った。

実際に落合のもとにこれらのものが届けられたのは、討ち入り当日の一二月一四日の晩のことである。討ち入りの計画が事前にもれないように、また、瑤泉院に迷惑が掛からないようにするための内蔵助の配慮であった。

内蔵助が赤穂を引き払ったときに預かった金は六九〇両二朱・銀四六匁九分五厘（約八二九二万円）である。それに対して、最終的な支出額は金にして六九七両一分二朱にのぼった。『金銀請払帳《きんぎんうけばらいちょう》』によると、不足分の金額は内蔵助が身銭を切っている。

上方―江戸間の旅費や、江戸における同志たちの滞在費・生活費、討ち入りのための武具調達費など、予想以上に出費がかさんだのであろう。討ち入り直前には、すでに軍資金は尽き果てていた。

大石内蔵助、討ち入り経費を締める

11月29日、大石内蔵助は討ち入り準備に要した経費を締め、瑤泉院付用人・落合与左衛門に帳面と領収書などを送付した。

瑤泉院様の御金1000両のうち、300両は「一儀の用事」に使わせていただきました。すべて帳面に記した通りでございます
派遣
大石内蔵助
瑤泉院付用人
落合与左衛門
近松勘六家来甚七

「南部坂雪の別れ」はパロディー

芝居などでは討ち入り前、大石内蔵助が瑤泉院に暇を告げる「南部坂雪の別れ」の場面が描かれる。だが実際、内蔵助は南部坂の三次藩邸を訪れてはいない。

落合与左衛門に届けた主な帳面

- □御用金之帳
- □御金御米支配帳
- □金銀請取元帳
- □引料金渡帳
- □御城引渡以後迄勤候者之内江遣金帳
- □預置候金銀請払帳
- □城曲輪之図
- □赤穂藩領村絵図

など

『金銀請払帳』の内訳

大石内蔵助が預かった公金は約金691両（約8,292万円）。それらは赤穂藩改易から討ち入りまでの間にすべて使われ、不足分は内蔵助が立て替えた。

預かり金	金690両2朱・銀46匁9分5厘	（約8,292万円）
支出金	金677両2分・銀1貫65匁5分5厘・銭6貫559文	（金にして697両1分2朱）

〈支出金の内訳（『金銀請払帳』による。金で換算）〉

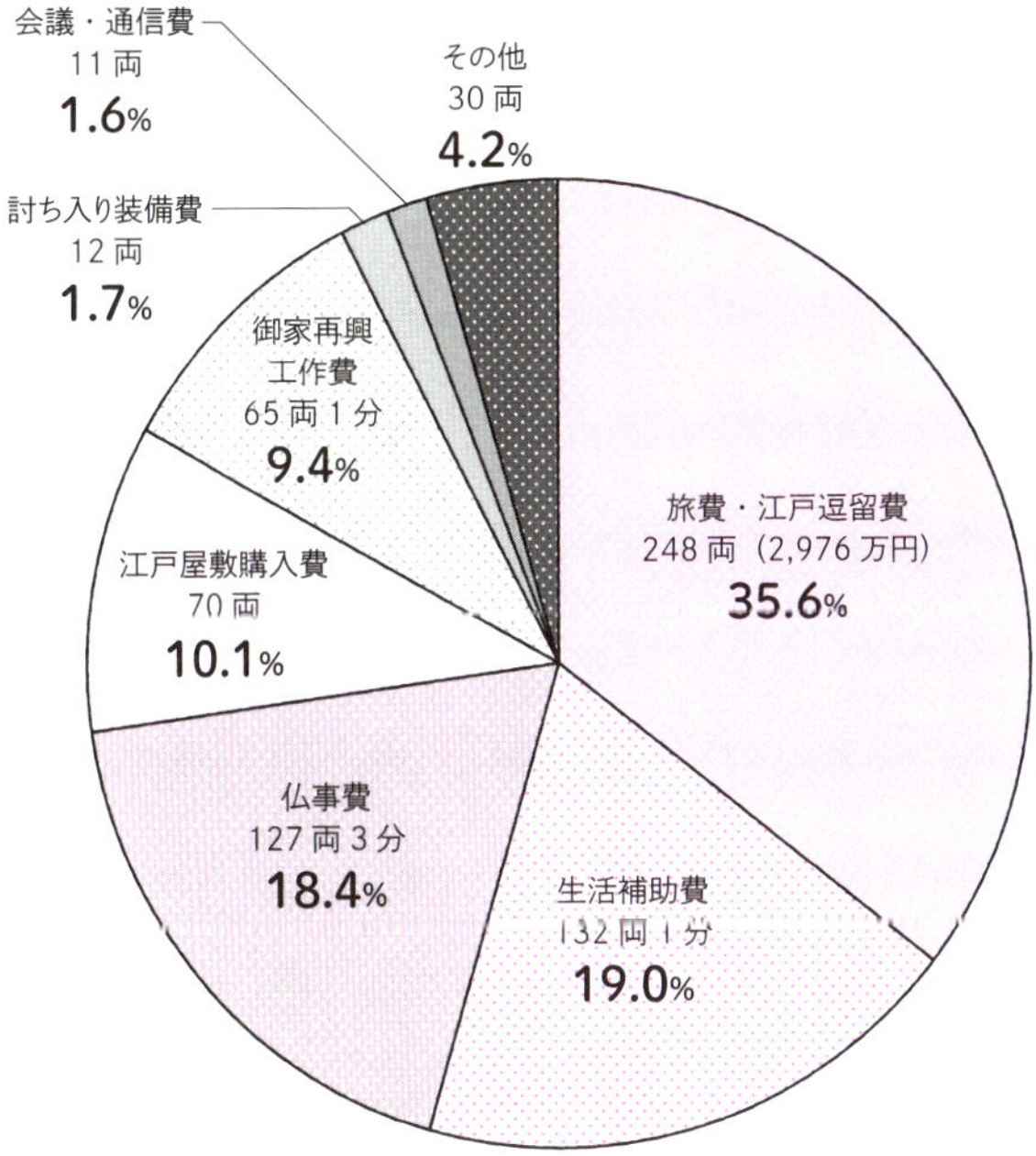

会議・通信費
11両
1.6%
その他
30両
4.2%
討ち入り装備費
12両
1.7%
御家再興
工作費
65両1分
9.4%
旅費・江戸逗留費
248両（2,976万円）
35.6%
江戸屋敷購入費
70両
10.1%
仏事費
127両3分
18.4%
生活補助費
132両1分
19.0%

不足金
金7両1分
（大石内蔵助立て替え）

※1両=約12万円として計算

元禄一五年（一七〇二）一二月二日

茶屋で開かれた作戦会議

討ち入り前の最終確認

討ち入りの準備が整ったとはいえ、肝心の吉良上野介が屋敷を不在にしていたら意味がなかった。そこで大高源五は町人に扮し、吉良邸にしばしば出入りしていた茶の湯の宗匠・山田宗偏《やまだそうへん》に弟子入り。一二月五日に吉良邸で茶会が催されるという情報を入手した。こうして、討ち入り決行日が一二月五日の夜に決定する。これを受けて一二月二日、大石内蔵助は深川八幡前の茶屋に同志を召集。決行日は吉良邸近くの三か所の隠れ家に集合すること（のち二か所に変更）、上野介の首を取ったら竹笛を吹いて知らせること、決行後は裏門から出て回向院《えこういん》に向かうことなど、討ち入り当夜の行動を改めて確認した。

　ところが、討ち入り計画は延期を余儀なくされる。五日に将軍・綱吉《つなよし》が側用人《そばようにん》・柳沢吉保《やなぎさわよしやす》の屋敷に御成りになることを受け、吉良邸での茶会が中止となったためである。

　こうして赤穂浪士たちは、再び上野介在宅の日を待たざるを得ない状況に陥った。

頼母子講を偽り深川に集う

12月2日、赤穂浪士たちは深川八幡前の茶屋に集まり、吉良邸討ち入りに向けた作戦会議を開いた。終日、話し合いが行なわれ、夜になって解散したという。なお、会合の名目は「頼母子講（たのもしこう）」だった。

『仮名手本忠臣蔵』とセットで上演された『東海道四谷怪談』の登場人物、赤穂塩冶家の浪人（赤穂浪士がモデル）の妻の妹・お袖が住む三角屋敷。

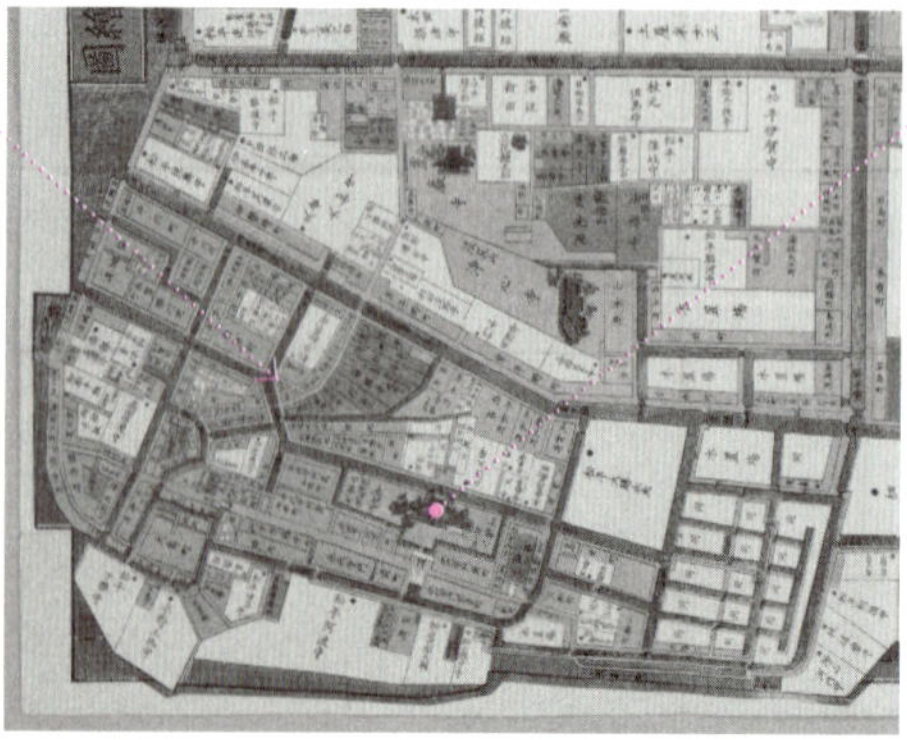

深川八幡（現在の富岡八幡宮）。寛永4年（1627）、京の僧・長盛法師が八幡神を祀る祠を建立したことにはじまる。貞享元年（1684）から境内で勧進相撲が催されて盛況となり、門前町にも茶屋が建ち並んだ。

『江戸切絵図 深川絵図』

頼母子講とは

講に加入している人々が一定の期日に掛け金を出し合ったのち、入札制、もしくはくじ引きで一定額の掛け金を受け取る人を決定するもの。民間の金融組合のようなものであり、全員が掛け金を受け取るまで行なった。江戸時代にとくに流行したという。

討ち入り当日の心得を定める

12月2日、全16か条からなる討ち入りの心得がかなり細かく定められた。

一、　決行日は3か所の隠れ家に集合（本所林町5丁目の堀部安兵衛借宅、本所徳右衛門町1丁目の杉野十平次借宅、本所相生町2丁目の前原伊助借宅）

一、　最後の集合は堀部安兵衛借宅とする

一、　午前4時に討ち入る

一、　吉良上野介の首を取ったら上衣を脱いでそれに包む

一、　検分の者が来たら「この首は亡主の墓所に持参したい」と説明する

一、　息子（義周）の首は屋敷に置いておく

一、　味方の手負い人はなるべく引き取る

一、　上野介を討ち取ったら笛を吹いて知らせる

一、　引き揚げの合図として鉦を打つ

一、　討ち入り後は回向院に集まる。駄目なら両国橋橋詰広場に集合

一、　引き揚げの途中で軍勢に押し留められたら、「我々は逃げ隠れしない。公儀の検分を受け、意趣を申し上げるつもりである」と言う

一、　吉良邸から追手が出てきたら全員でこれにあたる

一、　吉良邸に討ち入っている間に公儀の検使が来たら、「いま吉良を討ち取っている。生き残った者は御下知を受ける覚悟であり、一人も逃げる者はいない」と説明する

一、　門内に入って検見すると言われても、決して門は開けてはならない

一、　引き揚げるときは裏門からとする

一、　討ち入りは強い覚悟が必要。銘々粉骨の働きが肝心である

元禄一五年（一七〇二）一二月上旬

討ち入り参加者は四十七人に！

ついに決まった討ち入り日

五日から延期になった吉良邸の茶会はいったいいつ行なわれるのか。赤穂浪士たちは何とかして吉良上野介在宅の情報を得るべく、奔走した。そうした中、一四日昼頃、大石三平《みつひら》が吉良邸に出入りしていた歌人・羽倉斎宮《はぐらいつき》から「一四日の夕方に吉良邸で茶会が催される」という情報を入手した。また、大高源五も山田宗偏から同様の情報を聞き出したという。

報告を受けた大石内蔵助は真偽を確かめるべく、吉良邸裏手に店を構えていた神崎与五郎《かんざきよごろう》と前原伊助《まえばらいすけ》に探らせた。すると、確かに宗偏が吉良邸へ入っていく姿を確認することができた。

この機を逃すことはできない。内蔵助は一四日深夜に討ち入ることを決定すると、同志たちに急ぎ準備をするよう命じた。

だがこのとき、ひそかに一人の男が仲間のもとを去った。毛利小平太《もうりこへいた》である。脱盟の理由については定かではないが、こうして討ち入りに参加する赤穂浪士は四十七人となった。

茶匠 山田宗偏からの情報

14日に吉良が
屋敷にいる!!
大高源五
町人に扮して
茶匠の弟子になり
奥伝授を乞う
14日は吉良様の
お屋敷で茶会がある。
奥伝授は15日
ではどうだ？
茶匠 山田宗偏

歌人・羽倉斎宮からの情報

14日に吉良邸で
茶会があるようだ
荷田春満は伏見稲
荷の神主の子で、
賀茂真淵・本居宣
長・平田篤胤ととも
に国学の四大人の
一人とされる。
羽倉斎宮
（荷田春満）

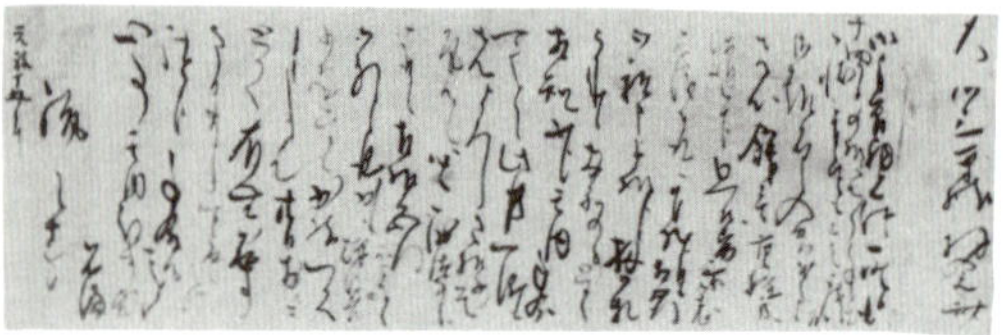

大石三平にあてた手紙（『義士帖』より）

12月10日
身辺整理を行なう

討ち入り日決定後の12月10日夜、同志たちは一堂に会し、家賃やツケの代金などの支払いを済ませておくよう、申し渡された。不足分は大石内蔵助が立て替えている。

12日までに店賃や
ツケの代金などの
始末をつけるように

大石内蔵助

やむを得ない事情が
あって脱盟します…

毛利小平太

12月11日
毛利小平太の離脱

これまで吉良邸の探索などに功績のあった毛利小平太が大石内蔵助に宛てた書状（12月11日付）を残して脱盟した。

討ち入り参加者は47名に！

12月13日
別れの盃を交わす

討ち入り前日の12月13日夕方、同志たちは酒肴を持ち寄って集まり、別れの盃を交わした。

死ぬのは前後するかもしれない。
だが来世は亡主の前で
仇を取ったと申し上げよう
ではないか！

元禄一五年 一七〇二 一二月一四日

吉良邸討ち入り

赤穂浪士、本懐を遂げる

事前の計画通り、本所林町五丁目の堀部安兵衛《ほりべやすびょうえ》借宅と本所徳右衛門一丁目の杉野十平次《すぎのじゅうへいじ》借宅に集合した赤穂浪士たちは、午前四時頃、吉良邸へ向けて出発した（すでに日付は一五日だが、当時は夜が明けるまで一四日だった）。

一行は、屋敷の脇で表門部隊と裏門部隊の二手に分かれる。表門部隊は大石内蔵助を大将とする全二三名。裏門部隊は大石主税を大将とする全二四名である。

表門部隊は表長屋に梯子をかけ、塀を越えて次々と乗り込んでいく。裏門部隊は掛矢で門を打ち破ると、「火事だ！」と叫びながら乱入した。

吉良邸は、たちまち大混乱に陥った。赤穂浪士たちは脇目も振らずに屋敷内へと突入し、抵抗する警備の者を次々と斬り殺していく。やがて、彼らは台所脇の物置に隠れていた上野介を討ち取り、首級を揚げた。ついに、亡君の仇を取ることに成功したのであった。

赤穂浪士、借宅に集合す

12月14日、身辺整理を済ませた赤穂浪士たちは日暮れとともに行動を開始。深夜には堀部安兵衛、杉野十平次の借宅に集合して着替え、午前4時過ぎ、借宅を後にした。

堀部安兵衛
借宅
杉野十平次
借宅
夜9ツ（午前0時頃）の鐘を合図として集合。暁7ツ（午前4時頃）出発。
雪晴れて
思ひを遂る
朝哉

堀部安兵衛

吉良邸に斬り込む

雪が舞う中、吉良邸近くまで進んだ赤穂浪士たちは表門部隊と裏門部隊の二手に分かれると、合図とともに吉良邸へと討ち入った。

まず表門部隊が屋敷内に乱入。門を固めたのち、鉦を打って裏門部隊に合図を送った。鉦の音を聞いた裏門部隊はすぐさま裏門を突破。屋敷内へと突撃した。赤穂浪士たちは、吉良方の者を打ち倒しながら、上野介の寝間へと進軍。だが、そこには上野介はいなかった。赤穂浪士が方々を探索したところ、台所裏の物置小屋から突然、人が飛び出してきた。堀部安兵衛がそれを斬り捨て、続いて出てきた者も矢田五郎右衛門が切り倒す。よく見ると、まだ誰か隠れていた。そこで武林唯七が鎗で突き、間十次郎がとどめを刺した。その人物こそ、上野介だった。その場にいた者は歓喜の声を上げた。

ついに吉良上野介を討ち取る

浅野内匠頭家来、主の仇討ち!!
鎗で上野介の右目の上を突く
上野介の首を取る
武林唯七
吉良上野介
間十次郎

吉良邸の構造と赤穂浪士の配置

赤穂浪士の配置は『赤城士話』による。（　）内はそれぞれが使用した武器。

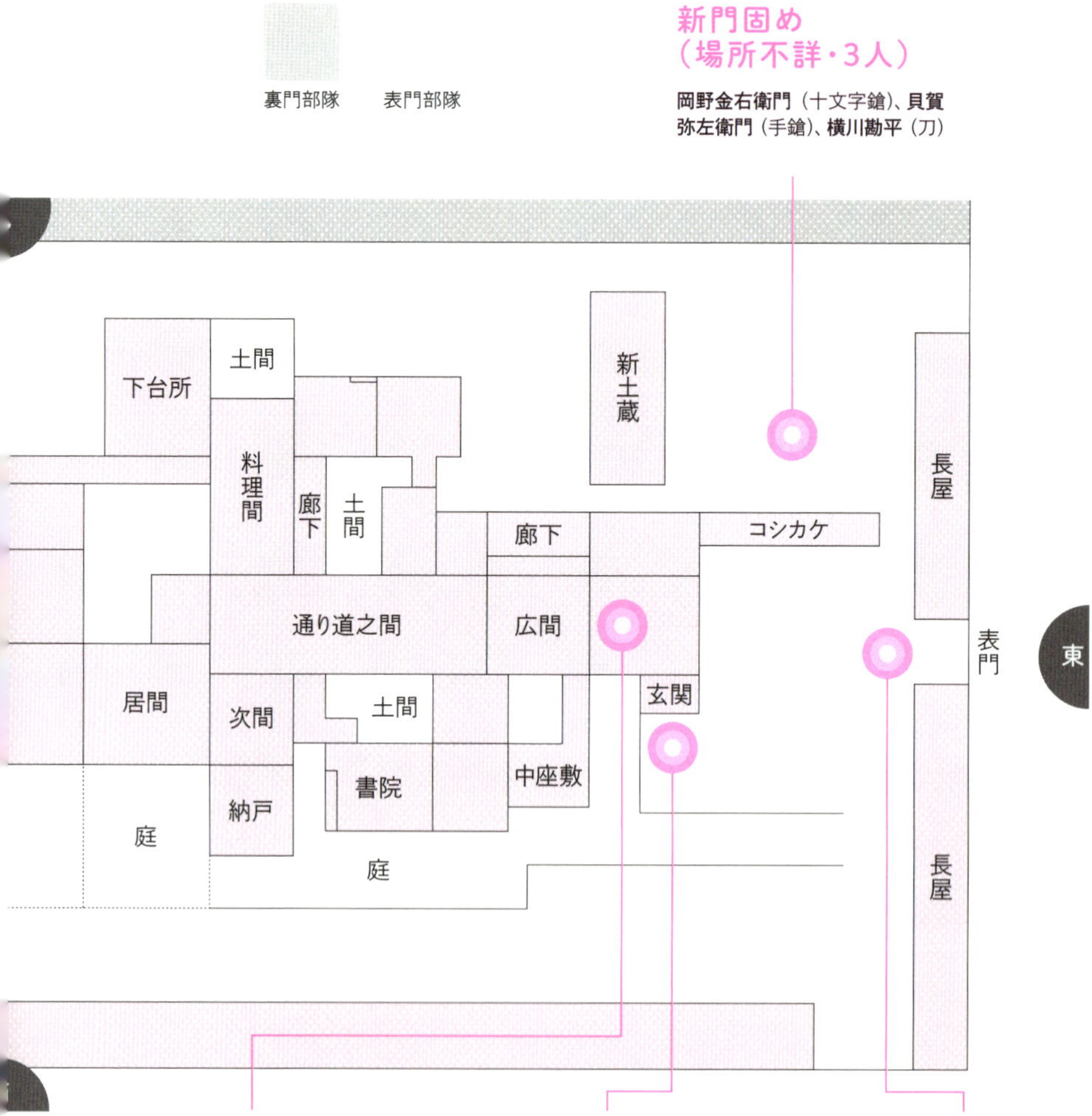
裏門部隊
表門部隊
新門固め
（場所不詳・3人）
岡野金右衛門（十文字鎗）、**貝賀弥左衛門**（手鎗）、**横川勘平**（刀）
下台所
土間
料理間
廊下
土間
新土蔵
長屋
廊下
コシカケ
通り道之間
広間
表門
東
玄関
居間
次間
土間
中座敷
書院
納戸
庭
庭
長屋

屋敷内斬り込み（9人）

片岡源五右衛門（十文字鎗）、**冨森助右衛門**（十文字鎗）、**武林唯七**（大身鎗）、**勝田新左衛門**（鎗）、**矢田五郎右衛門**（長刀）、**奥田孫太夫**（長刀）、**吉田澤右衛門**（刀）、**小野寺幸右衛門**（刀）、**岡島八十右衛門**（刀）

玄関固め（6人）

近松勘六（刀）、**大高源五**（野太刀）、**間十次郎**（十文字鎗）、**早水藤左衛門**（半弓）、**矢頭右衛門七**（鍵鎗）、**神崎与五郎**（半弓）

表門固め（5人）

大石内蔵助（十文字鎗）、**原惣右衛門**（十文字鎗）、**堀部弥兵衛**（直鎗）、**間瀬久太夫**（鍵鎗）、**村松喜兵衛**（鍵鎗）

裏門固め（5人）

大石主税（十文字鎗）、**吉田忠左衛門**（鍵鎗）、**間喜兵衛**（十文字鎗）、**小野寺十内**（鍵鎗）、**潮田又之丞**（鍵鎗）

屋敷内斬り込み（10人）

礒貝十郎左衛門（直鎗）、**堀部安兵衛**（野太刀）、**倉橋伝助**（刀）、**赤埴源蔵**（刀）、**大石瀬左衛門**（十文字鎗）、**村松三太夫**（直鎗）、**菅谷半之丞**（刀）、**杉野十平次**（刀）、**三村次郎左衛門**（刀）、**寺坂吉右衛門**（刀）

吉良上野介を討ち取った場所

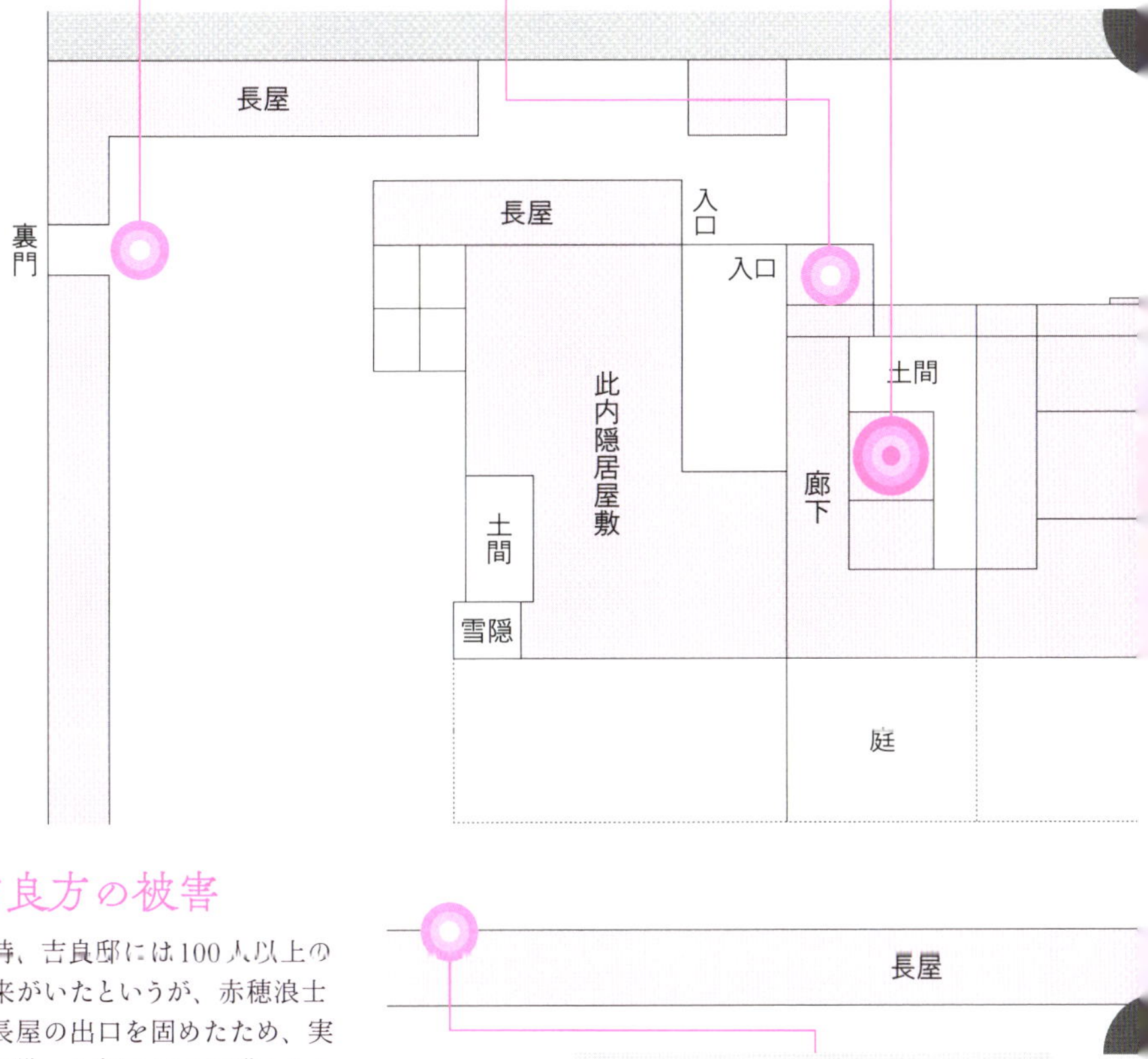

吉良方の被害

当時、吉良邸には100人以上の家来がいたというが、赤穂浪士が長屋の出口を固めたため、実際に戦った者は40人に満たなかったといわれる。『米沢塩井家覚書』によると、死者は吉良上野介を含めて16人。負傷者は23人で、うち4人が重傷を負った。また、その場から逃亡した者が12人いたという。

長屋防ぎ（9人）

木村岡右衛門（鍵鎗）、**不破数右衛門**（鍵鎗）、**前原伊助**（刀）、**茅野和助**（半弓）、**千馬三郎兵衛**（半弓）、**間新六**（半弓）、**間瀬孫九郎**（十文字鎗）、**中村勘助**（十文字鎗）、**奥田貞右衛門**（野太刀）

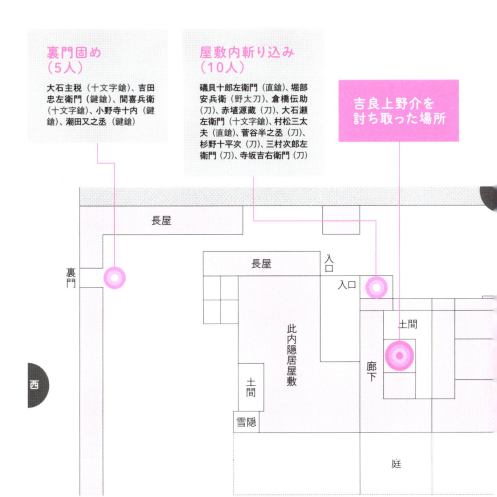

押さえておきたい!

忠臣蔵のお土産

③

忠臣蔵の吉良まんじゅう・吉良せんべい

現在、本所松坂町公園として整備されている吉良邸跡に立ち寄った際に訪れたいのが、明治2年(1869)頃に創業した老舗の和菓子屋・両国大川屋。「忠臣蔵」の舞台となった吉良邸にちなんでつくられた「忠臣蔵の吉良まんじゅう」は、2種類のきな粉を練り込んだ餡を使用しており、食べたときにきな粉の風味がふわっと広がるのが特徴だ。

そのほか、吉良上野介義央のイラストがプリントされた吉良せんべいもオススメ。醤油・白砂糖・胡麻の3種類の味があり、醤油には「吉良上野介義央」の文字と上野介のイラスト、白砂糖には「笑顔 きらきら☆」の文字と笑顔の上野介のイラスト、胡麻には「悪役務めも一苦労…」の文字と泣き顔の上野介のイラストが描かれている。

お店DATA

両国大川屋

住所 東京都墨田区両国3-7-5
電話 03(3631)3759

第四章

その後の赤穂浪士

元禄一五年（一七〇二）一二月一五日

亡君への報告

墓に供えられた敵の首

吉良《きら》上野介《こうづけのすけ》の首級を揚げたあと、赤穂浪士たちは吉良邸裏門に集合し、点呼を取った。幸いにして討たれた者は一人もいなかったが、このときすでに寺坂吉《てらさかきち》右《え》衛門《もん》の姿はなかったという。

その後、赤穂浪士たちは上野介の首を浅野《あさの》内匠《たくみの》頭《かみ》の墓に供えるべく、泉岳寺《せんがくじ》を目指すことにした。だが上杉家や吉良邸から追手が来る可能性があったため、ひとまず近所の回向院《えこういん》へ向かう。ここで休息を取りながら態勢を整えようとしたわけであるが、回向院は返り血に濡れた赤穂浪士たちの立ち入りを拒絶した。

やむなく一行は両国橋東詰まで行って追手を待ったが、誰も追って来る気配がないまま夜明けを迎えたため、そのまま泉岳寺へ向かった。

彼らが泉岳寺に到着したのは、一五日午前八時頃のことだった。境内に入った一行はまず井戸の水で上野介の首を洗った。そして主君の墓前に首を供え、仇討ちの報告をしたのであった。

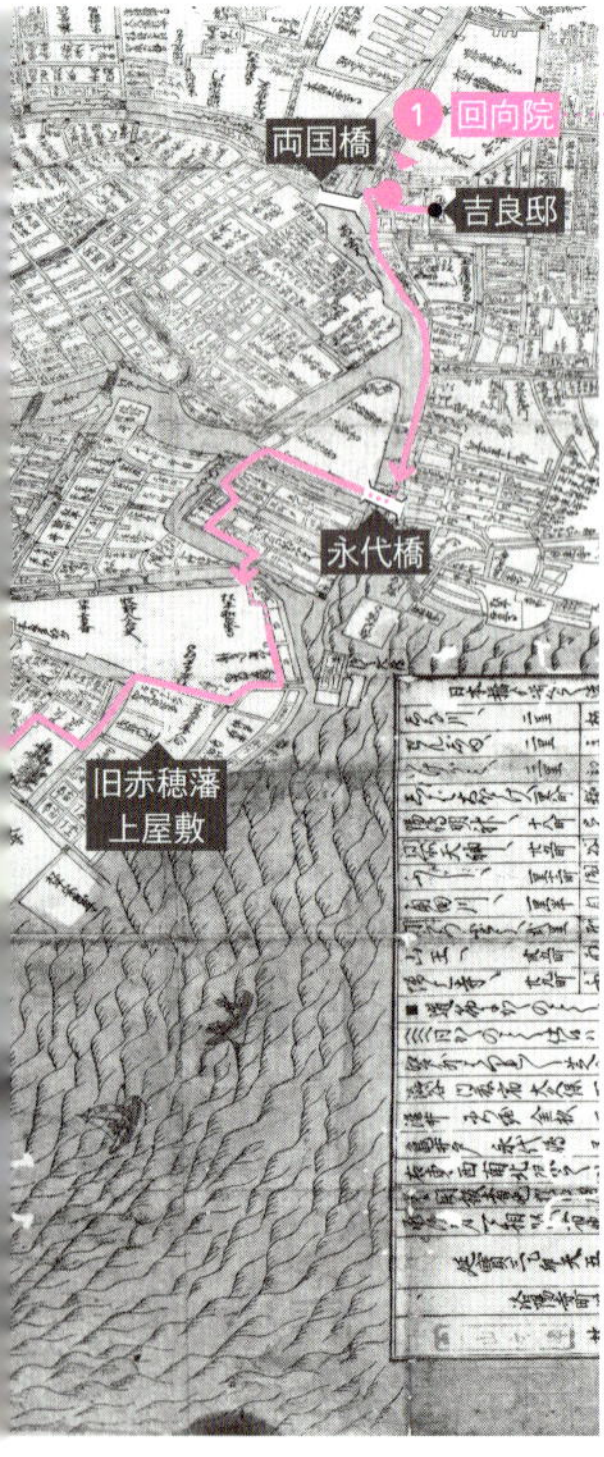

1 回向院
両国橋
吉良邸
永代橋
旧赤穂藩
上屋敷

両国橋

毎月15日は諸大名が江戸城登城日にあたる。両国橋はその経路となっていたことから、赤穂浪士は両国橋を渡らなかった。

吉良邸

現在の墨田区両国。

永代橋

当時は、現在よりも150メートルほど上流部に架かっていた。

旧赤穂藩上屋敷

隅田川沿いを南下した赤穂浪士たちは旧赤穂藩上屋敷の前を通った。当時は小浜藩の上屋敷となっていたが、この地を避けて通ることはできなかったと思われる。

1 午前5時半、回向院へ向かう

吉良上野介を討ち取ったのち、赤穂浪士一行は回向院へ向かい休息を取ろうと試みたが、僧に断られて入ることができなかった。そこで両国橋東詰へ向かって吉良側の追手を待ったが、誰も追い掛けてくる者はなかったため、泉岳寺へ向けて出発した。

しばし休息させていただけぬか?
午後6時から午前6時までは檀家と亡者以外入ることができませぬ
赤穂浪士
回向院僧

脱盟した
高田郡兵衛との再会

『堀内伝右衛門筆記』によると、赤穂浪士たちが泉岳寺で主君の墓に仇討ちの報告をしていたとき、脱盟した高田郡兵衛が祝いの酒を持ってやって来た。若い浪士らはこれに憤り、「踏み殺してやる」と激高する始末だったが、大石内蔵助は「あのような者を踏み殺したところで何の益になろう」と彼らをなだめた。そして高田を泉岳寺の境内に呼び入れることはせず、酒も門番に言いつけて返したと伝わる。

主君の仇を取りました
上野介殿の御首は
一味の者が泉岳寺へ
引き取っております
吉田
忠左衛門
冨森
助右衛門
大目付
仙石伯耆守

赤穂浪士引き揚げルート

2 吉良を討ち取ったことを大目付に報告

泉岳寺へ向かう途中、吉田忠左衛門、冨森助右衛門の2人は大目付・仙石伯耆守久尚の屋敷へ向かい、事の次第を報告した。討ち入りはあくまでも主君の仇を取るためのもので、幕府に対する反逆ではないことを示すためだったと考えられる。

3 午前8時過ぎ泉岳寺で主君に報告

午前8時過ぎ、一行は泉岳寺に到着。井戸の水で上野介の首を洗うと、内匠頭の石塔の2段目に供えた。このとき、一同は声を上げて泣き叫んだという。なお、その後、上野介の首は吉良家の菩提寺・万昌院の働きかけにより、吉良左兵衛義周へ返された。

浅野内匠頭墓。

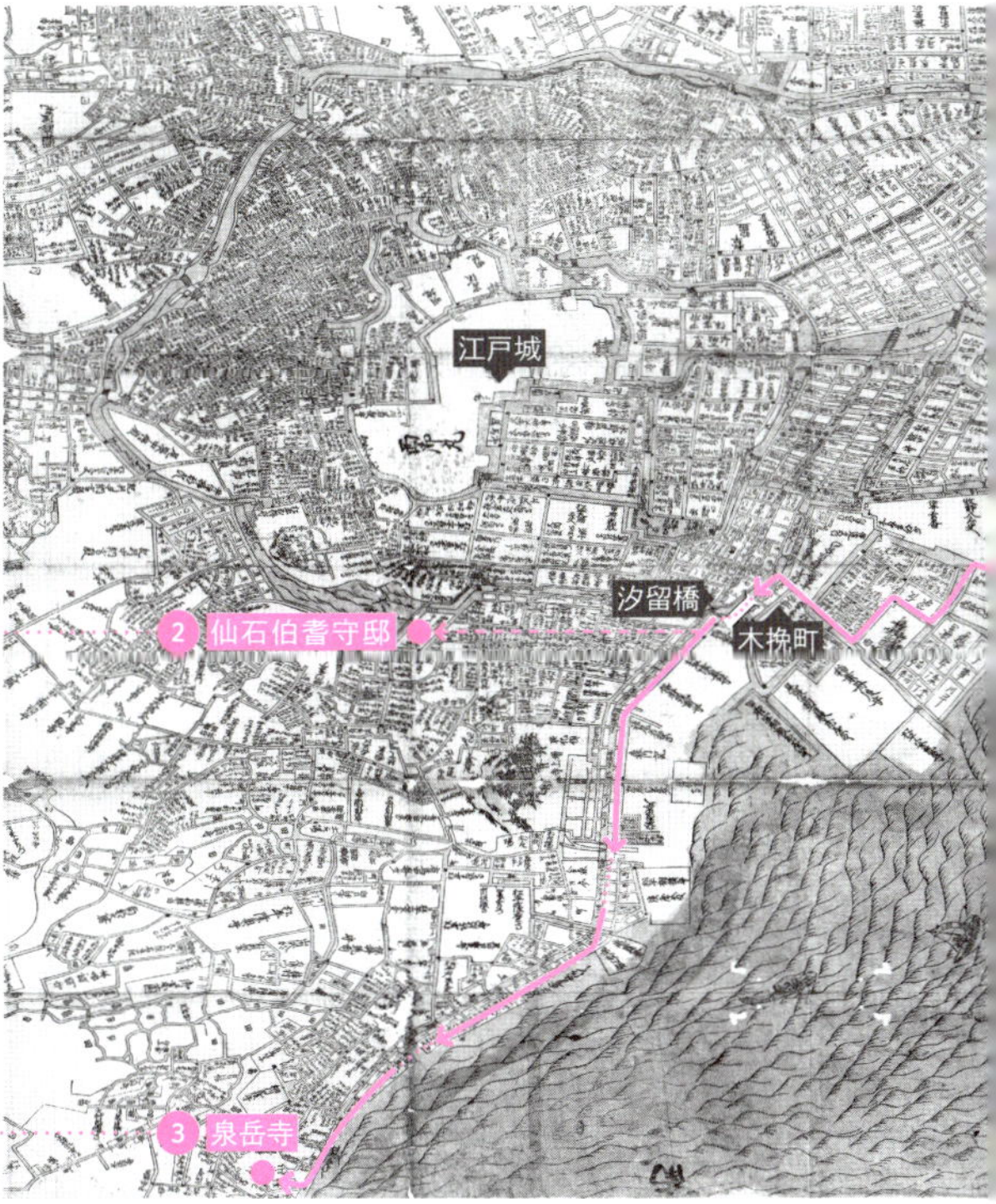
江戸城
汐留橋
木挽町
2 仙石伯耆守邸
3 泉岳寺

仇討ちを称える江戸っ子

元禄一五年（一七〇二）一二月一五日

英雄視された赤穂浪士

吉田忠左衛門《よしだちゅうざえもん》、冨森助右衛門《とみのもりすけえもん》から報告を受けた仙石《せんごく》伯耆守久尚《ほうきのかみひさなお》は、すぐさま月番老中・稲葉丹後守正往《いなばたんごのかみまさゆき》にその旨を伝え、ともに登城した。

夜、幕府は泉岳寺にいた赤穂浪士に対し、ひとまず仙石久尚の屋敷に移動するよう命令。その後、大石内蔵助《おおいしくらのすけ》ら一七人を肥後熊本藩・細川越中守綱利《ほそかわえっちゅうのかみつなとし》、大石主税《ちから》ら一〇人を伊予松山藩・松平隠岐守久定《まつだいらおきのかみひささだ》、吉田澤右衛門《よしださわえもん》ら一〇人を長門長府藩・毛利甲斐守綱元《もうりかいのかみつなもと》、間瀬孫九郎《ませまごくろう》ら九人を三河岡崎藩・水野監物忠之《みずのけんもつただゆき》の四家のお預けとした。

このとき、赤穂浪士たちの仇討ちはすでに江戸市中で評判となっていた。各大名家でも彼らを罪人というよりは「英雄」としてもてなすほどだった。たとえば細川家では毎日二汁五菜の食事が出され、昼食時には菓子、夕食時には酒もふるまわれたという。あまりの豪華さに、内蔵助が「浪人暮らしが長く贅沢なものを食べつけていないため、玄米や粗末な食事にしてほしい」と頼み込むほどであった。

大名のお預けとなった赤穂浪士

赤穂浪士たちのお預け先は身分や禄高によって決まっていた。たとえば水野家に預けられた身分の軽い浪士たちは長屋に置かれた。ただし、親子兄弟が同じ藩のお預けとならないよう、考慮されている。内蔵助は上級家臣や要職に就いていた者の多くが脱盟していることを最後まで恥じていた。

伊予松山藩松平家 三田中屋敷

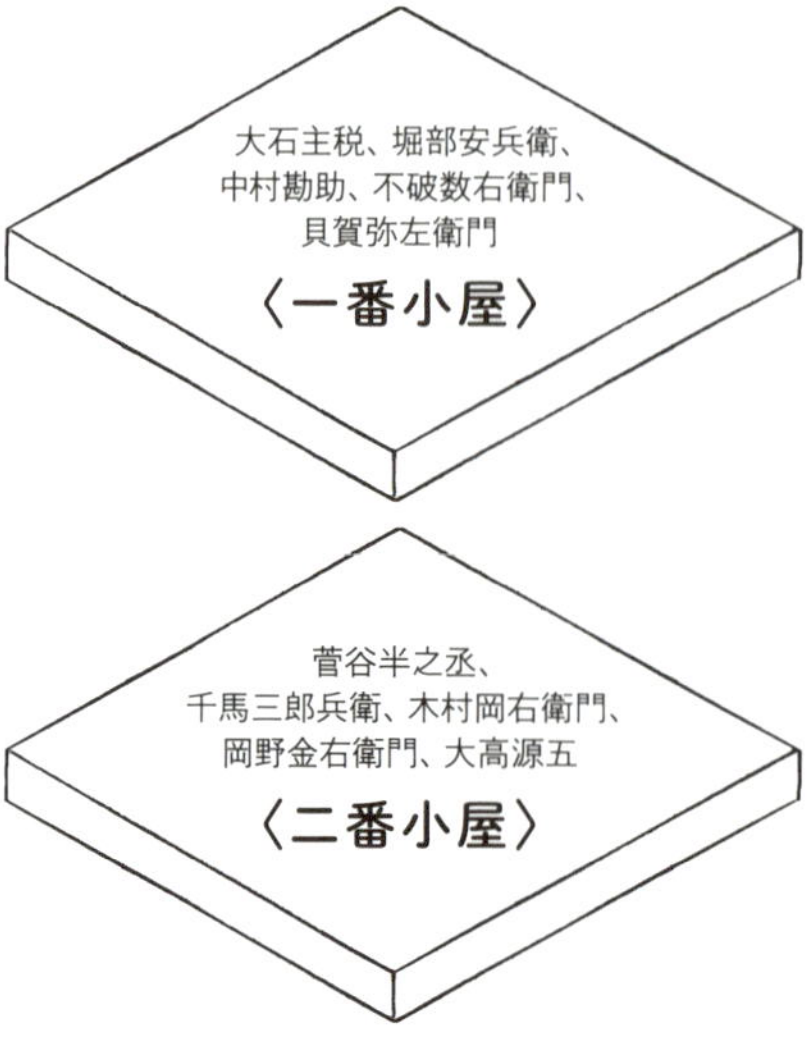
大石主税、堀部安兵衛、
中村勘助、不破数右衛門、
貝賀弥左衛門
〈一番小屋〉
菅谷半之丞、
千馬三郎兵衛、木村岡右衛門、
岡野金右衛門、大高源五
〈二番小屋〉

熊本藩細川家 高輪下屋敷

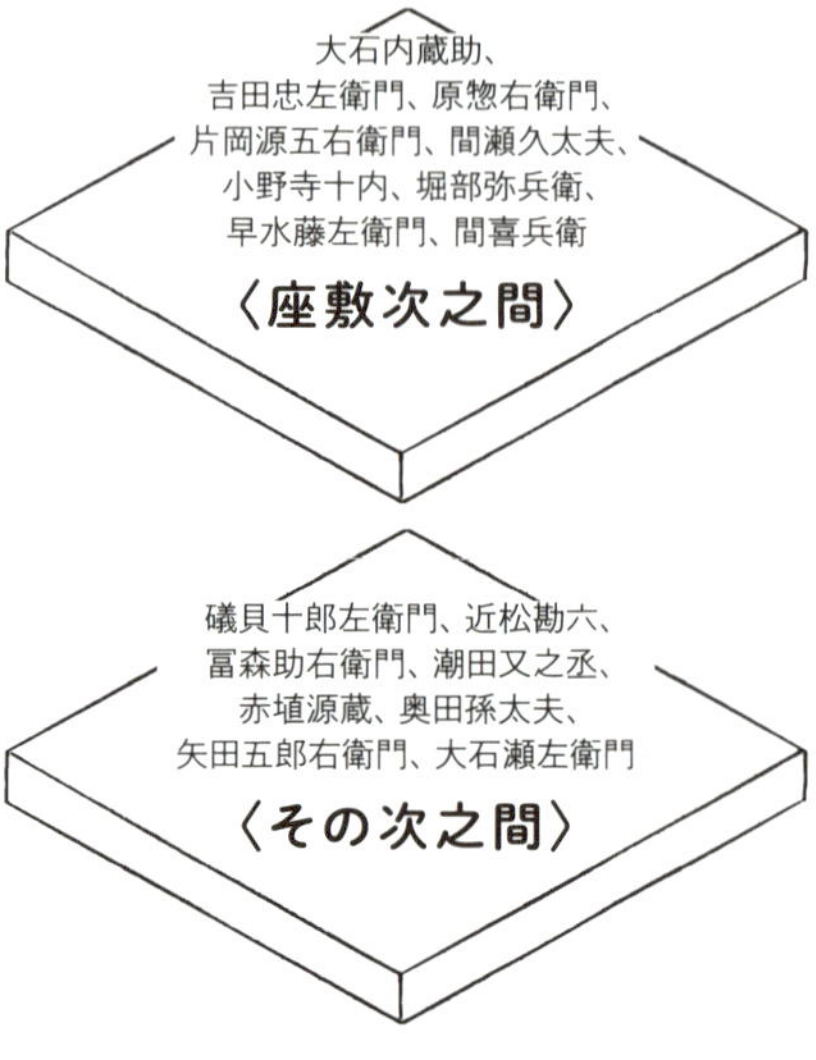
大石内蔵助、
吉田忠左衛門、原惣右衛門、
片岡源五右衛門、間瀬久太夫、
小野寺十内、堀部弥兵衛、
早水藤左衛門、間喜兵衛
〈座敷次之間〉
礒貝十郎左衛門、近松勘六、
冨森助右衛門、潮田又之丞、
赤埴源蔵、奥田孫太夫、
矢田五郎右衛門、大石瀬左衛門
〈その次之間〉

江戸中で討ち入りが大評判

赤穂浪士が主君の仇を見事に取ったという話は瞬く間に江戸市中へ広まった。人々は彼らの行動に喝采を送った。老中の会議では感動して泣く者もいたそうである。

御忠義の御心底を察すれば、
自分も毛頭身命を惜しんで
いないので、心安く何なりと
頼んでほしい
このような節義の
武士が出たのは、
まさに国家の
慶事である
46人の衆は昔の弁慶や
忠信（源義経郎党）にも増した
お人柄で、男振りの揃った大男。
とりわけ大石主税殿は若年
ではあっても弁慶に優るほどの
活躍だったと聞いております
細川越中守家臣
堀内伝右衛門
（預け人の世話係）
老中
阿部豊後守正武
駕籠かき

岡崎藩水野家
三田中屋敷

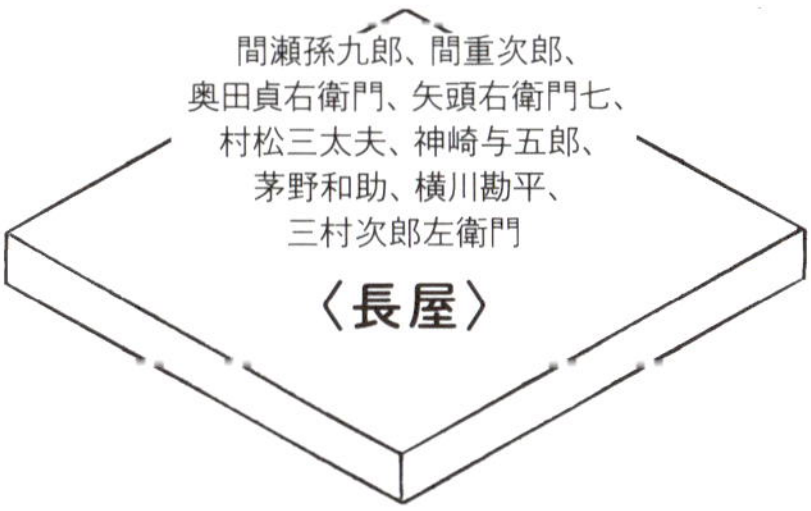
間瀬孫九郎、間重次郎、
奥田貞右衛門、矢頭右衛門七、
村松三太夫、神崎与五郎、
茅野和助、横川勘平、
三村次郎左衛門
〈長屋〉

長府藩毛利家
麻布上屋敷

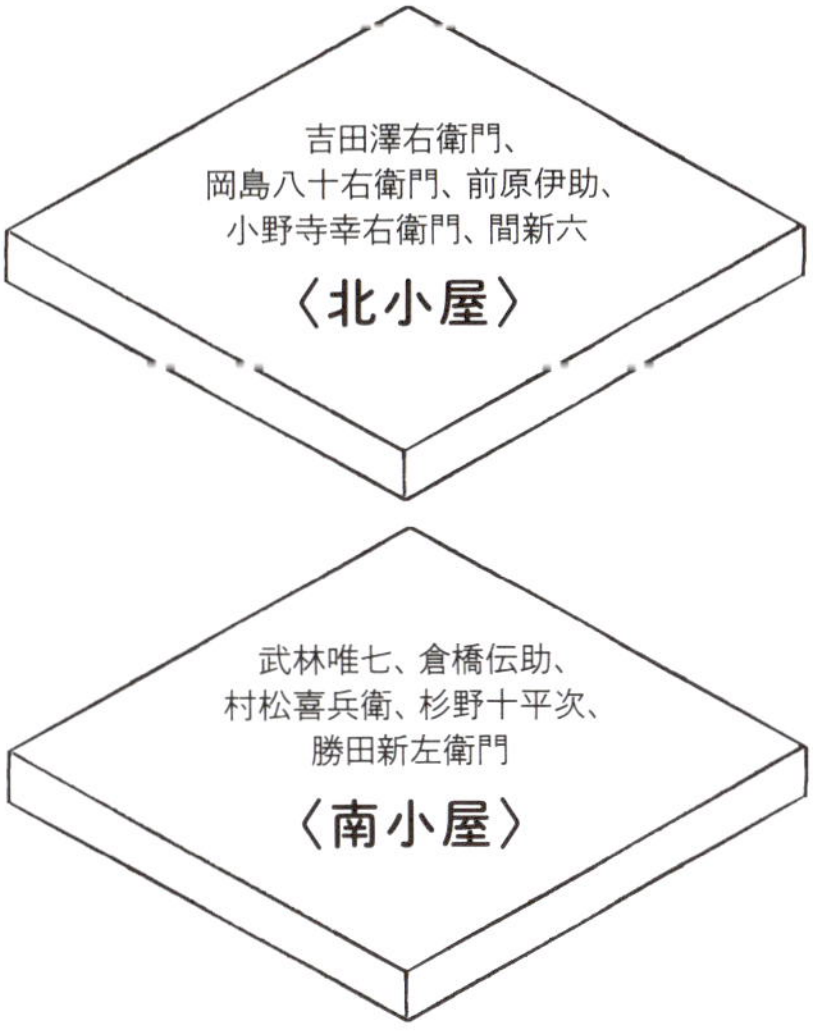
吉田澤右衛門、
岡島八十右衛門、前原伊助、
小野寺幸右衛門、間新六
〈北小屋〉
武林唯七、倉橋伝助、
村松喜兵衛、杉野十平次、
勝田新左衛門
〈南小屋〉

元禄一六年［一七〇三］二月四日

赤穂浪士に下された処分

将軍・綱吉の迷い

江戸市中はおろか、幕閣内でも赤穂浪士の討ち入りを「忠義」と称える向きがあった。また、大名の中には彼らの助命を嘆願する者もいた。

そんな状況の中、翌元禄一六年（一七〇三）の正月が明けても彼らの処分は決定しなかった。浅《あさ》野《の》内匠《たくみの》頭《かみ》に即日切腹を申し渡した将軍・綱吉《つなよし》ですら、赤穂浪士の行動を「私心」から出たものではなく、「やむを得ない気持ちからなしたもの」であると捉え、処罰に迷っていたという。

だが、彼らの行動は将軍の下した処分を批判するものであることには違いなかった。そこで二月四日、幕府は次の判決を下した。

「主人の仇を奉じると称し、内匠頭家来四六人が徒党して上野介宅へ押し入り、飛び道具などを持参して上野介を討ったことは公儀を恐れない行為で重々不届きである。よって切腹を命じる」

つまり、幕府は彼らの討ち入りを「主人の仇討ち」とは認めず、「徒党」と判断したのであった。

赤穂浪士の処分に迷う幕府

元禄16年（1703）の正月を明けても、幕府は赤穂浪士たちに処分を下せずにいた。真偽の程は不明であるが、『徳川実紀』によると、5代将軍徳川綱吉は彼らの助命を嘆願してほしいがために輪王寺門跡公弁法親王に意見を聞いたが、公弁法親王は助命を訴えなかったという。

悩む
5代将軍
徳川綱吉
高僧が浪士の
助命を嘆願すれば…
浪士たちは
私心ではなく、
やむを得ない気持ちで
行動した。彼らを
誅するのは法として
適切だろうか?

幕府、赤穂浪士に切腹の処分を下す

赤穂浪士の処罰について幕閣内で様々な意見が交わされる中、2月4日、幕府はついに彼らに切腹を命じた。通常であれば斬罪でもおかしくはないほどの重罪であるが、武士にとっての名誉の死である「切腹」を認めたところに幕府の情けが見て取れる。

元禄一六年〔一七〇三〕二月四日

赤穂浪士たちの切腹

丁寧に葬られた遺体

幕府から切腹を命じられた赤穂浪士たちは、それぞれの預け先の大名家で次々と切腹を遂げた（実際には小脇差を手に取った時に首を落とされたという）。細川邸では大石内蔵助が最初に呼び出され、切腹をしている。このとき、潮田又之丞《うしおだまたのじょう》が「我々もおっつけ参ります」と内蔵助に声を掛けたと伝わる。

その後、遺体は一人ずつ布団で包まれて桶に入れられ、名前を書いた札が付けられた。それをさらに大風呂敷で包み、乗物にのせられて主君の眠る泉岳寺へ運ばれた。遺体が丁寧に扱われていることがよくわかる。

預け先の大名から泉岳寺には取り置き料と法事料が支払われた。泉岳寺は浅野内匠頭の横に四六人の浪士たちの墓所をつくり、彼らのために山門も建立している。

泉岳寺に今残る赤穂浪士たちの墓。浅野内匠頭の墓の隣の竹藪を切り開いた場所に埋葬された。

介錯人
安場一平
畳は血で汚れたときのみ、替えられたという。
大石内蔵助

細川家では、大書院上之間の前の庭に切腹の場が設えられ、畳が3枚敷かれた（切腹時の最高の格式）。他の大名家では2枚だった。その畳の上に大風呂敷（布団）が敷かれ、その上で切腹した。

切腹の手順

一、　大石内蔵助が切腹の座に着席
二、　介錯人が内蔵助の左側に立つ
三、　歩行使番が小脇差を載せた三方を持ってきて内蔵助の前に置く
四、　内蔵助が小脇差を手に取って押し戴く
五、　介錯人が内蔵助の首を落とす
六、　介錯人が内蔵助の首の髻をつかみ、検使に見せる
七、　検使が内蔵助の首を確認する
八、　「内蔵助殿、首尾よく御仕廻なされ候」と声がかかる
九、　白屏風で検使から内蔵助の遺骸を隠し、敷いていた大風呂敷で遺骸を包んで片づける

髻（たぶさ）

髪を頭の上で束ねたところを指す。「もとどり」ともいう。

『大石内蔵助切腹之図』（兵庫県立歴史博物館蔵）

もっと知りたい！

忠臣蔵の話

⑦

赤穂浪士最期の言葉

晴れやかな気持ちで迎えた切腹の日

赤穂浪士たちは、預け先となったそれぞれの大名家で最期を遂げた。その際、肥後藩細川家江戸留守《るす》居役《いやく》である堀内伝右衛門《ほりうちでんえもん》は料紙《りょうし》とすずりを用意させると、何か最期に言い残したい事はないか、細川家預かりとなった一七人に尋ねている。

『堀内伝右衛門覚書』によると、大石内蔵助は「(石清水八幡宮の) 大西坊に立ち寄った際、(養子の覚運《かくうん》に) 天気も良き今日、かようかくかくにて死についた、とお話し下されたい」と申し残した。吉田忠左衛門も江戸の姫路藩本多《ほんだ》邸にいる娘婿・伊藤十郎太夫《いとうじゅうろうだゆう》に「心安く今日の事をお伝え下されたい」と頼んでいる。

いずれの浪士も未練を語ることはなく、この日の様子を伝えてほしいと言うにとどまっている。吉良邸へ討ち入った時点で死を覚悟していた彼らには、もはや後悔などはなかった。主君の仇を取ったという晴れやかな気持ちで最期を迎えたのだろう。

赤穂浪士の遺言

堀内伝右衛門は当初、家老から赤穂浪士とあまり話をしないよう、言いつけられていたという。だが、後世に残るであろう忠臣の功名話を聞き逃すことはできないと思い、話を聞いて回ったと伝わる。

朱柄の鎗を泉岳寺に残している。先祖の備前という者の鎗で、遺族の者どもに遣わしたい。よろしく

片岡源五右衛門

言うを憚ることだが、この間からおなかを壊している。今朝からは治っているが、切腹の際、粗相もしかねない。その点承知おき願いたい

間瀬久太夫

別して心安く言っていただき、かたじけない。老母・
兄弟たちのことを心にお掛け下されたい

磯貝十郎左衛門

堀部甚之丞（甥）が江戸に下向してくれば酒を飲
むようにお伝え下されたい

堀部弥兵衛

討ち入りの際に手を痛めていたが、外療・本道の方
を付け置かれ、昨日までに快癒し有難く思っている。
谷中長福寺にいる文良（弟）に伝えられたい

近松勘六

辞世の句を播州加西郡にいる家族に届けるよう、加
古川宿本陣中谷与右衛門に頼み、渡されたい

潮田又之丞

大石無人（良総）、子息郷右衛門（良麿）に今日の
首尾を通じられたい

大石瀬左衛門

※『堀内伝右衛門覚書』による

赤穂浪士辞世の句

浪士が遺した最期の思い

赤穂浪士たちは切腹に際し、それぞれ辞世の句を詠んだ。たとえば、大石内蔵助は次の句を詠んだと伝わる。

「あら楽し　思いははるる　身は捨つる
　浮世の月に　かかる雲なし」

内蔵助はこの句を泉岳寺で詠んだといい、『江赤見聞記』や『介石記』などに掲載されている。一方で、後世の偽作ではないかとする説もある。

また、吉田忠左衛門は討ち入り前に次の句を詠み、甲頭巾の裏に縫いつけて吉良邸へ討ち入ったとされる。

「君か為　思ひそつもる　しら雪を
　ちらすは今朝の　ミね乃松風」

その他の赤穂浪士の辞世の句については、下記を参照されたい。

討ち入りに先だっての辞世の句

忠孝に　命をたつは　武士の道
やたけ心の　名を残してん

堀部弥兵衛

命にも　かへぬ一つを　うしなはば
逃かくれても　爰をのかれん

村松喜兵衛

切腹前日・当日の辞世の句

かねてより　君と母とに　知らせんと
人より急ぐ　死出の山路

原惣右衛門

まよはしな　子とともに行く
後の世は　心の闇も　はるの夜の月

小野寺十内

もののふの　道とばかりを　一筋に
思ひ立ちぬる　死出の旅路に

潮田又之丞

梅を呑　茶屋もあるへし　死出乃山

大高源五

草枕　むすぶ仮寝の　夢覚めて
常世にかへる　春のあけぼの

間喜兵衛

待てしばし　死出に遅速は　有ぬとも
我先がけて　路しるべせん

横川勘平

遺族に下された処分

元禄一六年（一七〇三）四月二七日

元禄16年（1703）4月、4人の遺児が伊豆大島へ

吉良邸に討ち入った赤穂浪士のうち、親とともに参加した者は計9人にのぼる。そのため罪に問われた15歳以上の遺児は4人のみだった。元禄16年（1703）4月27日、4人は伊豆代官に引き渡され、伊豆大島へ護送された。なお、大石内蔵助の次男吉之進は出家していたために遠島刑を免れたが、宝永6年（1709）3月、19歳で早逝している。

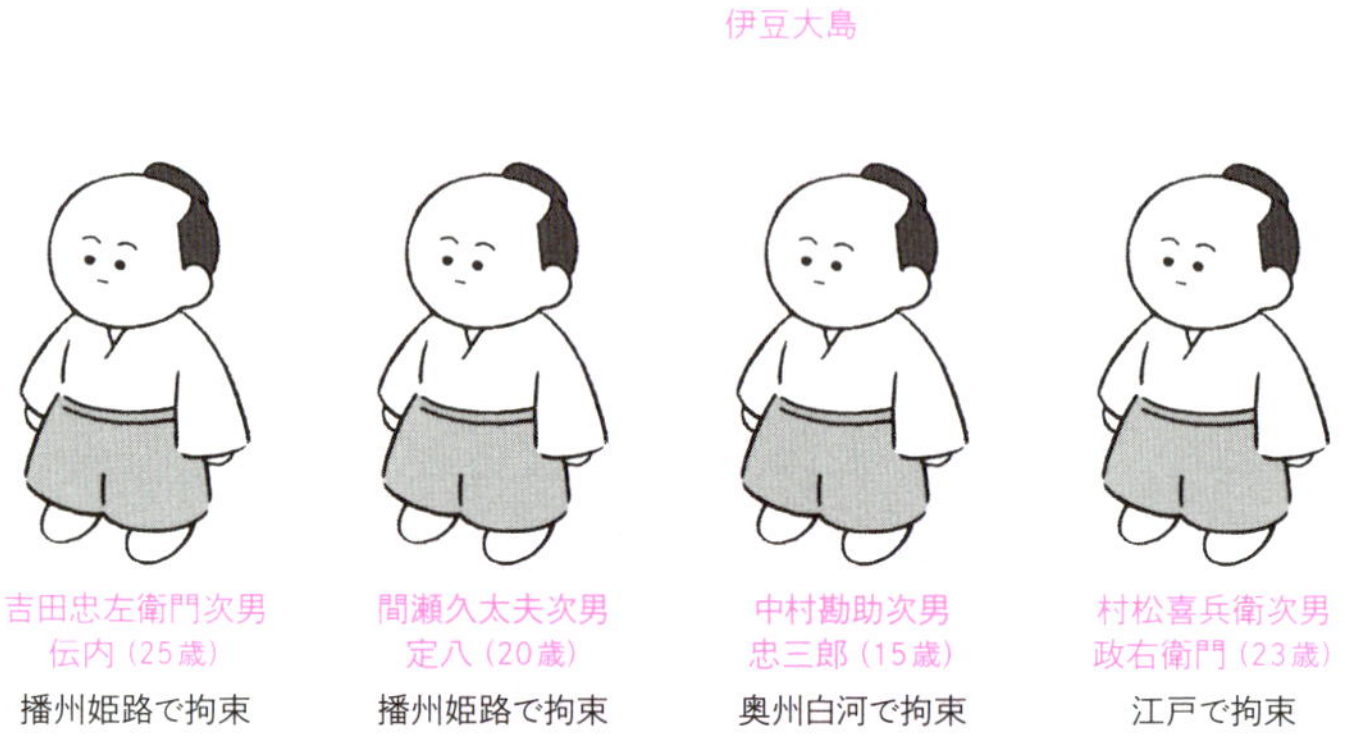
伊豆大島
吉田忠左衛門次男
伝内（25歳）
播州姫路で拘束
間瀬久太夫次男
定八（20歳）
播州姫路で拘束
中村勘助次男
忠三郎（15歳）
奥州白河で拘束
村松喜兵衛次男
政右衛門（23歳）
江戸で拘束

処分と復権

赤穂浪士たちが切腹を遂げたのち、妻や娘は罪に問われなかったものの、残された男子には処罰が下された。

一五歳以上の者は伊豆大島《いずおおしま》への遠島《えんとう》、一五歳未満の者は一五歳になるまで親類に預けられ、その後、遠島に処せられることになった。

宝永元年（一七〇四）になると、瑤泉院《ようぜんいん》や、大石内蔵助の岳父で但馬豊岡藩筆頭家老の石束源吾兵衛《いしづかげんごびょうえ》、浅野本家の広島藩など赤穂浪士の縁者が遺児の赦免を求めて活動を開始するようになる。

その甲斐あり、宝永三年（一七〇六）八月一二日、幕府は桂昌院《けいしょういん》（綱吉の実母）の一回忌を機として遠島となっていた者を赦免した。

さらに宝永六年（一七〇九）正月一〇日、綱吉の没後に将軍となった六代家宣《いえのぶ》は、綱吉の代に罪を得た三八三九人に大赦を命じた。こうして赤穂浪士の遺族はすべて罪を許されることになった。

その中には、広島藩へのお預けとなっていた浅野《あさの》大学長広《だいがくながひろ》もいた。長広は九月二九日に広島を発ち、一〇月二五日、江戸に到着。そして宝永七年（一七一〇）九月一六日、安房国朝夷《あさい》・平《へい》両郡内において五〇〇石を与えられ、旗本への復帰を果たした。

宝永3年（1706）8月、遺児たちを赦免

幕府は5代将軍徳川綱吉の実母・桂昌院の一回忌を契機として流罪となっていた赤穂浪士の遺児たちを赦免。島で病死した間瀬定八以外の3人は江戸に戻ることができた。

討ち入りから約7年後の宝永6年（1709）正月10日、すべての遺族が赦免

綱吉没後に将軍に就任した家宣が大赦を行なったことで、赤穂浪士の遺族たちすべてが赦免されることになった。

浅野大学

宝永7年（1710）9月、500石を与えられ、交代寄合に取り立てられる。

大石内蔵助3男 大三郎

広島藩浅野家に1500石で召される。

原惣右衛門長男 十次郎辰正

広島藩浅野家に250石で召される。

茅野和助長男 猪之吉

新赤穂藩主森長直の近習となる。森家は和助の元主君。

吉良家、断絶す

元禄一六年〔一七〇三〕二月四日

討ち入りを防げなかった罪

　赤穂浪士の遺族が罪に問われた一方で、吉良上野介の子・左兵衛《さひょうえ》義周《よしちか》にも信州高島藩・諏訪《すわ》安芸守《あきのかみ》忠虎《ただとら》へのお預けという処分が下された。赤穂浪士の討ち入りを許し、討ち取られた上野介の恥辱が子にも及ぶと判断されたのである。

　二月一一日、左兵衛は左右田孫兵衛《そうだまごべえ》、山吉新八《やまよししんぱち》という二人の家臣とともに高島へ向かった。このとき、左兵衛と新八はともに傷を負っていたことから、外科医の同道も認められている。

　一六日、左兵衛は高島へ到着した。罪人であったため、番人の監視をつけられるなど不自由な生活であったが、諏訪家では左兵衛に気を使い、南丸に彼のための居宅を建てるなど、最大限の敬意を払った。

　だが、宝永二年（一七〇五）一〇月頃から左兵衛は病で寝込むようになり、翌宝永三年（一七〇六）正月二〇日、この世を去った。生年は不明であるが、二一歳ほどの若さであったという。

1 武士の法で裁かれる吉良左兵衛

元禄16年（1703）2月4日、幕府は吉良上野介が赤穂浪士の討ち入りを許したこと、また、そこで討ち取られたことを「未練（未熟）」であるとし、上野介の子である左兵衛義周に「親の恥辱」のゆえをもって信州高島藩諏訪家へのお預けを命じた。

吉良上野介は去々年口論の時、
抵抗もせず疵を被って退去したことは
内匠頭に対して卑怯の至りである……
今度内匠頭の家来が押し寄せたときも
未練の振る舞いだったと聞いている。
親の恥辱は子として免れる
ことはできない
大目付
仙石伯耆守

御意…
吉良左兵衛
高島藩
江戸

2月11日、吉良左兵衛は左右田孫兵衛、山吉新八の2人の家臣、外科医とともに江戸を出て諏訪に下った。

② 吉良上野介の近親にも処罰が及ぶ

幕府は吉良上野介の弟・東条隼人義叔に盛岡藩主・南部信濃守信恩へのお預けを命じたほか、上野介の親類、婿、舅、小舅に至るまで遠慮（自宅謹慎の処罰）を命じた。また、上野介の実子である米沢藩主・上杉綱憲も幕府に遠慮の伺いを出した（4月朔日に許されている）。

吉良上野介長男
米沢藩主 上杉綱憲

自ら幕府に遠慮の
伺いを出す

吉良上野介弟
東条隼人義叔

盛岡藩主
南部信濃守にお預け

③ 吉良左兵衛、死す

高島城内において厳しい生活を余儀なくされる中、左兵衛は宝永2年（1705）10月頃から熱病を患い翌年正月20日に死去した。

外部との連絡は絶たれ、また罪人ということで月代を剃ることも許されなかった。

④ 吉良家、断絶す

吉良左兵衛の死をもって、吉良家は断絶した。左兵衛の遺体はその後、左右田孫兵衛、山吉新八によって高島の法華寺に土葬された。

左右田、山吉は左兵衛の希望した自然石で石塔を建てるべく、法華寺に金3両を預けた。

元禄一六年〔一七〇三〕二月一六日

芝居化された討ち入り

江戸っ子を夢中にした『忠臣蔵』

赤穂浪士たちが主君の仇を見事に討ったこの事件は、江戸っ子から大喝采をもって迎えられた。事件の詳細は手紙やかわら版、噂話などで瞬く間に全国に広まり、四六士が切腹してからわずか一二日後の二月一六日には、討ち入りを題材とした『曙曾我《あけぼのそがの》夜討《ようち》』が江戸中村座で上演された。事件間近ということもあり、この芝居はわずか三日で上演禁止となっているが、その後も近松門左衛門《ちかまつもんざえもん》作の浄瑠璃《じょうるり》『碁《ご》盤太平記《ばんたいへいき》』（宝永三年）や吾妻三八《あずまさんぱち》作の歌舞伎《かぶき》『鬼鹿《おにか》毛無佐志鐙《げむさしあぶみ》』（宝永七年）が大坂で上演されるなど、様々な作品が制作された。

その集大成となったのが、寛延元年（一七四八）に誕生した『仮名手本忠臣蔵《かなでほんちゅうしんぐら》』である。もともとは人形浄瑠璃だったが、あまりの大人気ぶりから歌舞伎としても演じられることになり、大坂、江戸の人々を虜とした。

そしていつしか、赤穂事件といえば「忠臣蔵」と呼ばれるようになったのである。

『仮名手本忠臣蔵』主な登場人物

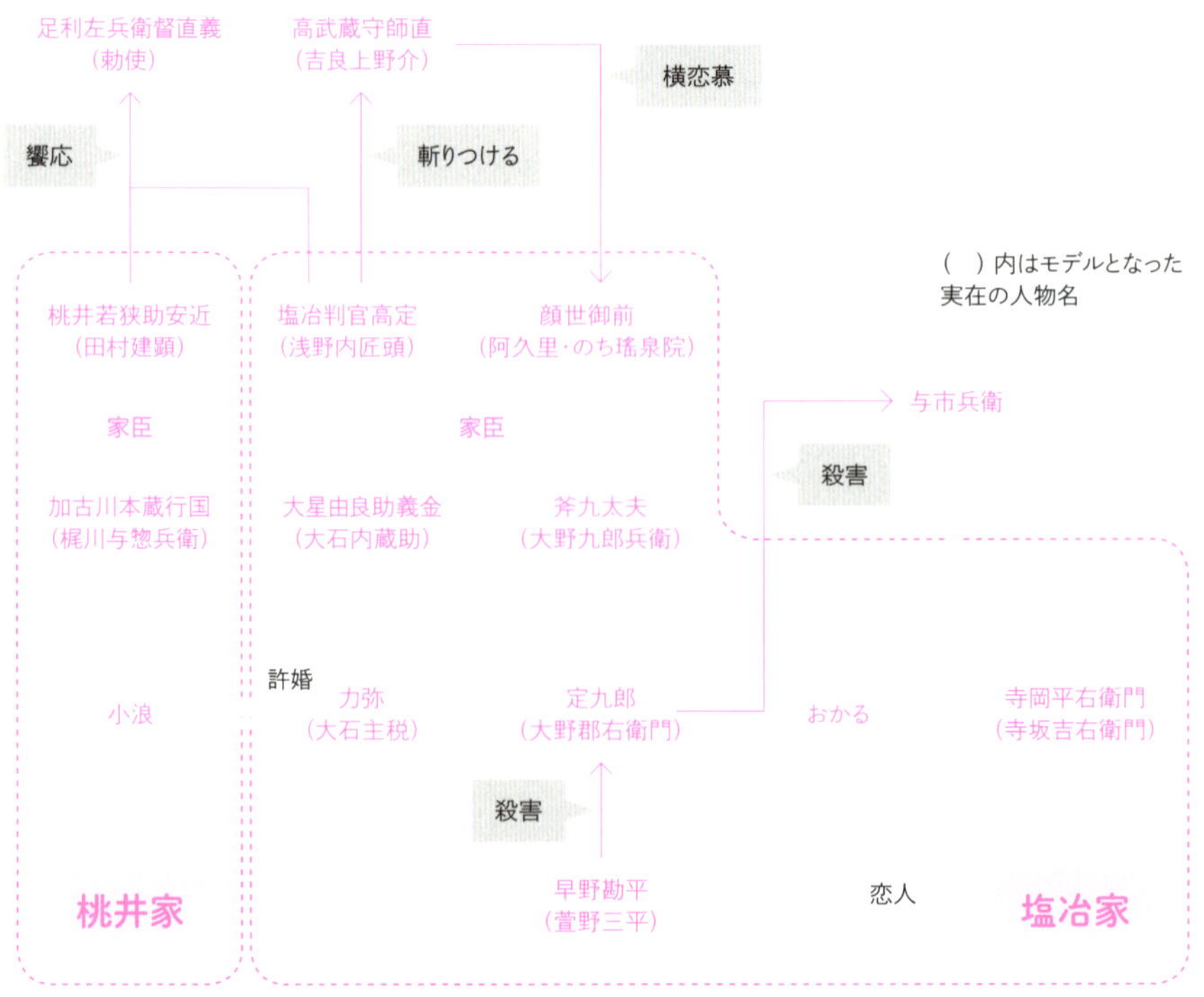

『仮名手本忠臣蔵』の世界

大序　鶴が岡兜改め・恋歌

新田義貞を討ち取り、京・室町に幕府を開いた足利尊氏は弟・直義を鎌倉・鶴岡八幡宮に派遣した。このとき、義貞の兜奉納を巡って饗応を仕切る高師直と饗応役・桃井若狭助が衝突。さらに桃井は師直が塩冶判官の妻・顔世御前に言い寄っている場面を目撃する。邪魔をされた師直は桃井を散々に侮辱するようになった。

二段目　桃井館力弥上使・桃井館本蔵松切

館に戻った桃井は家老の加古川本蔵を呼び出すと、師直殺害の意志を打ち明けた。本蔵は庭にある松の枝を切り落とし、「このようにやりなさい」と主君を後押しする。桃井はこれに満足して奥の間へと引き揚げたが、本蔵は主君が去るやいなや、師直の館へと馬を走らせた。

三段目　下馬先進物・腰元おかる文使い・殿中刃傷・裏門

本蔵は主君と御家を守るため、師直に賄賂を贈った。すると師直は態度を一変し、桃井に非礼を謝罪した。一方、顔世御前から付き合いを拒絶された師直は塩冶判官に八つ当たりをするようになる。さすがの塩冶判官も我慢できなくなり、殿中で師直を斬りつけた。一方、このとき裏門でおかると逢引をしていた判官の家臣・早野勘平は己の不忠を恥じて切腹しようとしたが、おかるに説得され、山崎のおかるの実家に身を寄せることにした。

四段目　花籠・塩冶判官切腹・城明け渡し

塩冶家に幕府の上使が到着し、塩冶判官に切腹を命じた。判官は死の直前、国元から駆けつけた家老・大星由良助に「無念である」と伝え、息を引き取った。その後、幕府に城が明け渡され、家臣は離散を余儀なくされる。由良助は師直への復讐を誓い、城を後にした。

五段目　山崎街道出合・二つ玉

勘平が討ち入りの徒党に加わる軍資金調達のため、おかるは遊女となることを決意。おかるの父与市兵衛が祇園町で身売りの計画を結び、前金50両を受け取った。しかしその帰路、与市兵衛は山賊に身をやつした塩冶家元家老の息子・斧定九郎に殺害されてしまう。その定九郎も、猪と間違えた勘平によって撃ち殺された。闇夜の中、驚いた勘平が介抱しようと伸ばしたその指に大金が入った財布が触れる。これこそ天の恵みと感じた勘平は財布を手に取ると、一目散に仲間のもとへ走った。

六段目　身売り・早野勘平腹切

翌日、祇園町の一文字屋の主人がおかるを迎えに来た。主人の話から、昨夜、自分が奪い取った財布が舅の物であることに気づいた勘平は、舅を殺してしまったと思い込んで呆然とする。とそこへ、勘平の差し出した軍資金を不審な物と感じた由良助の命により、原郷右衛門、千崎弥五郎が金を突き返しにきた。追い詰められた勘平は腹を斬るが、じつは勘平が舅の仇を討っていたことが発覚。郷右衛門は勘平を仇討ちの連判状に加えて血判を押させたが、勘平は絶命した。

七段目　祇園一力茶屋

山科潜伏中の大星由良助は祇園一力茶屋で遊興に耽る日々を送っていた。高師直に内通していた元塩冶家家老・斧九太夫は由良助の真意を探るべく、床下に隠れた。とそこへ、顔世御前からの密書が届く。由良助がそれを読もうとしたところ、おかるが延べ鏡を使って盗み見しようとした。すると、おかるの兄・寺岡平右衛門は仇討ちの一味に加えてもらうためにおかるを殺害しようとする。だが由良助はこれを押し留め、平右衛門が一味に加わることを許可した。

八段目　道行旅程の嫁入

大星由良助の息子力弥と、桃井家家老加古川本蔵の娘小浪は許婚だったが、刃傷事件以降、両家の縁談は解消した。事件の際、本蔵が塩冶判官を抱きとめ、判官が本懐を遂げられなかったためである。しかし本蔵の後妻戸無瀬は小浪を嫁入りさせるべく、小浪と二人で山科の由良助の隠れ家へと向かった。

九段目　雪転し・山科閑居

由良助の隠れ家を訪れた戸無瀬と小浪に対し、由良助の妻お石は本蔵の首と引き換えならば結婚を許可すると言った。すると虚無僧に扮した本蔵がやって来て、自ら進んで力弥に討たれた。いまわの際、本蔵は引き出物として師直の屋敷の図面を渡す。由良助と力弥は図面をもとに討ち入りの計画を練りはじめた。

十段目　天河屋

由良助は討ち入りの準備を進める中で、堺の商人天河屋義平に武器の調達を依頼した。そんな中、武器調達の嫌疑で天河屋に捕り手が押し寄せ、義平の子由松に白刃を突きつけた。だが、義平は口を固くして白状しようとはしなかった。じつはこれは、義平の信義を試すために由良助が仕組んだものだった。由良助は義平に詫びると、討ち入りの際には屋号の「天」と「河」を合言葉にすることを約束した。

十一段目　花水橋引揚

由良助をはじめとする旧塩冶家の同志は、師直の屋敷に乱入し、ついに主君の仇を討つことに成功した。

大尾　光明寺焼香

本懐を遂げた同志たちは主君が埋葬されている光明寺へと引き揚げ、その墓前に師直の首を供えた。

※P117-122『仮名手本忠臣蔵』一恵斎芳幾（赤穂市立歴史博物館蔵）

終章

討ち入りの舞台を歩く

赤穂事件関連地図と赤穂浪士引き揚げルート

【江戸城周辺図】

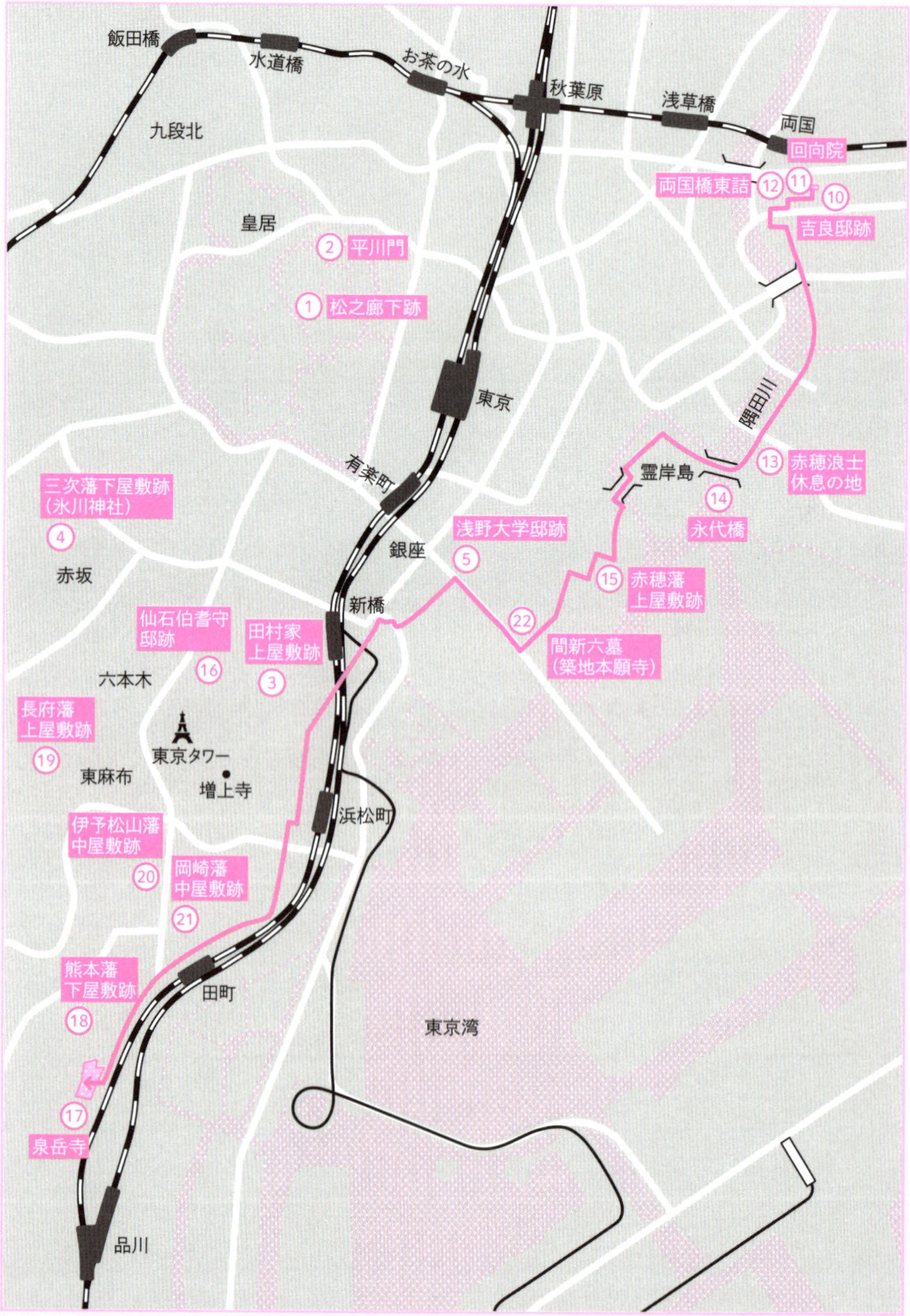

【赤穂周辺図】

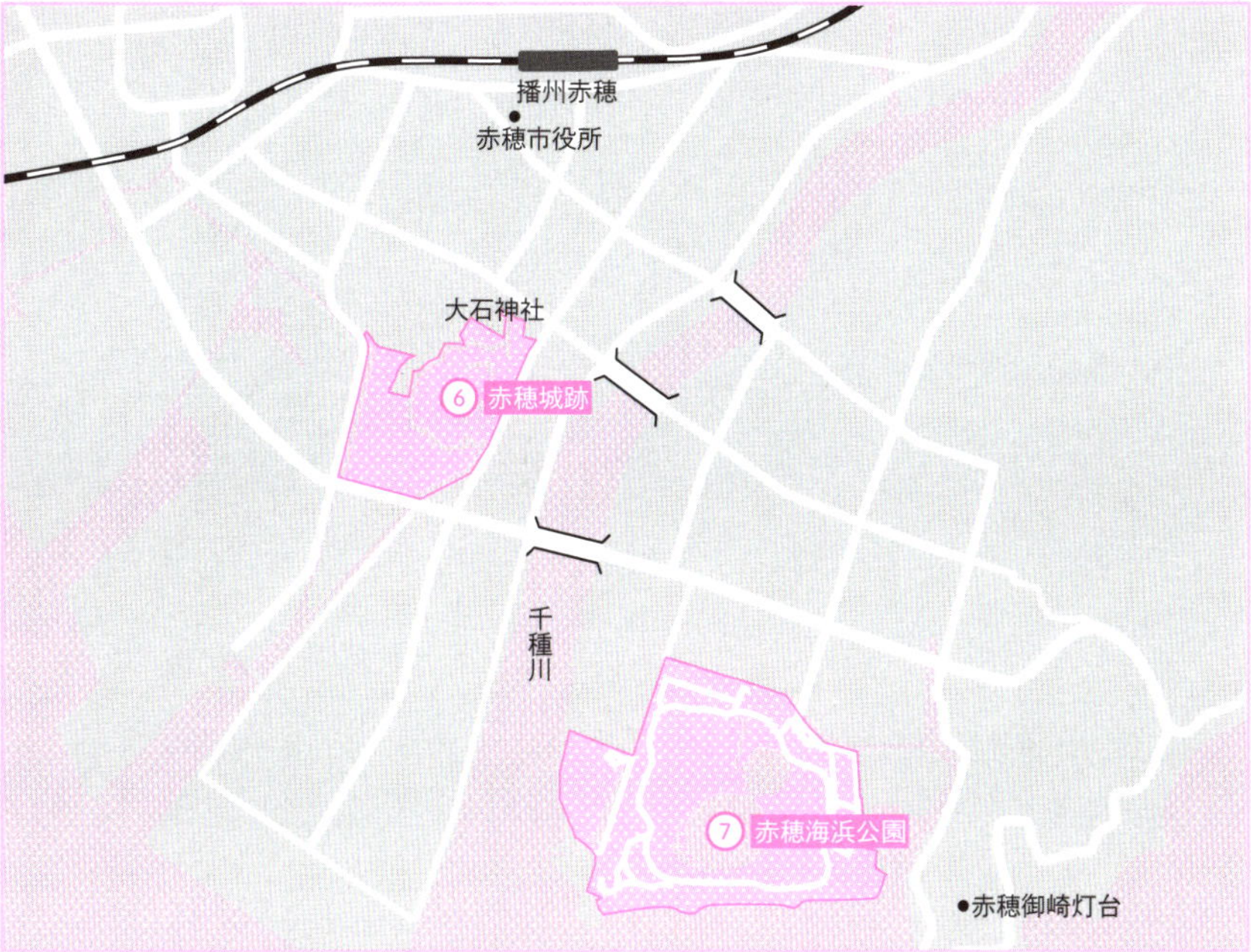
播州赤穂
赤穂市役所
大石神社
6 赤穂城跡
千種川
7 赤穂海浜公園
赤穂御崎灯台

【京都周辺図】

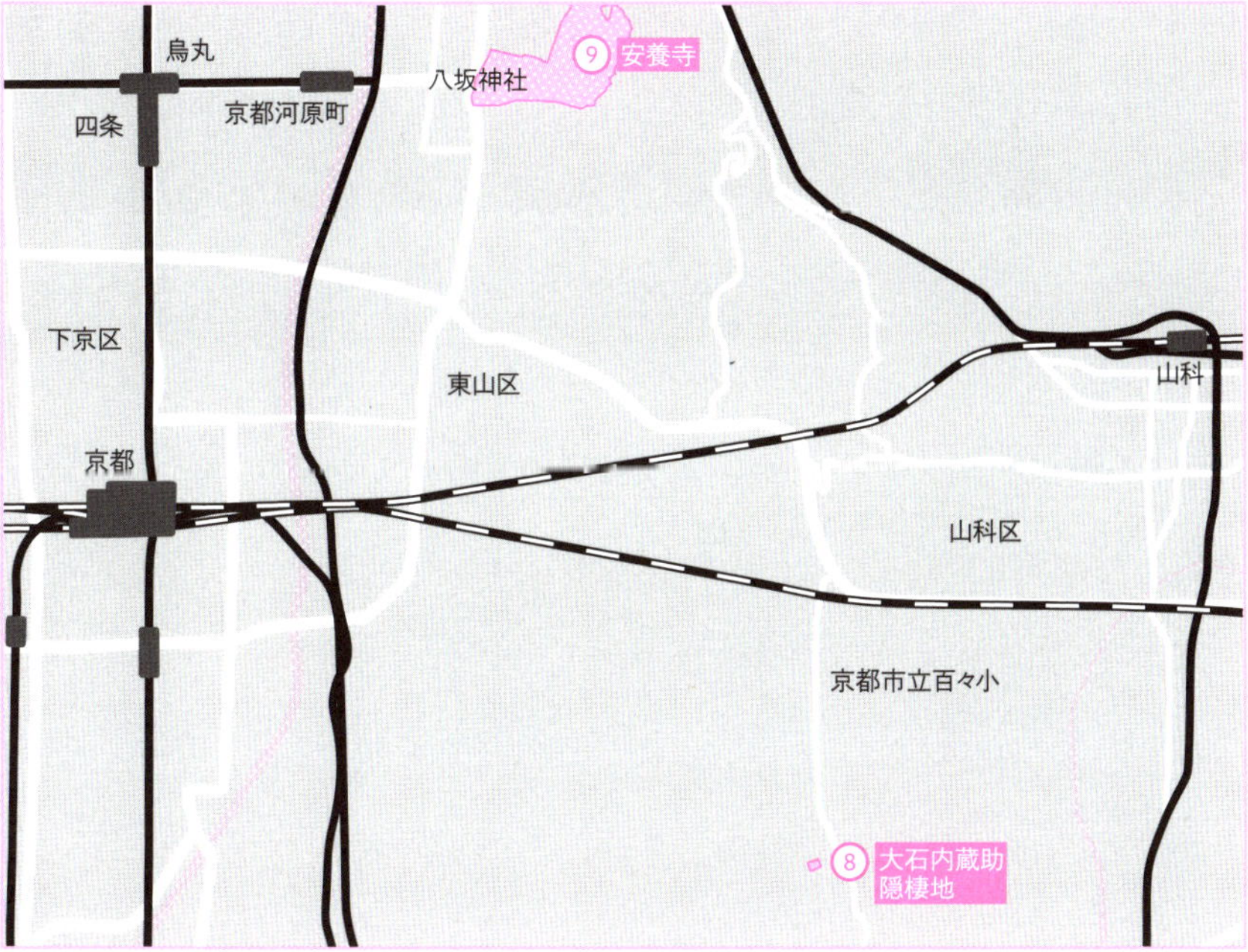
烏丸
四条
京都河原町
八坂神社
9 安養寺
下京区
東山区
山科
京都
山科区
京都市立百々小
8 大石内蔵助
隠棲地

① 江戸城松之廊下跡

住所：東京都千代田区千代田1-1
アクセス：JR東京駅から徒歩約10分

元禄一四年（一七〇一）三月一四日、江戸城松之廊下で浅野内匠頭が吉良上野介に斬りかかるという事件を起こした。松之廊下は本丸大広間と白書院を結ぶL字形の構造で、大広間から西に一〇・五間（約二〇メートル）、そこから北に一七・五間（約三五メートル）という長さを誇った。名称は、障壁画に松の絵が描かれていたことに由来する。現在は、富士見櫓近くの木立の中に碑が建つのみとなっている。

② 江戸城平川門

住所：東京都千代田区千代田1-1
アクセス：JR東京駅から徒歩約10分

江戸城内で刃傷事件を起こした浅野内匠頭は、当時、不浄門とされていた平川門から外に出され、田村家のお預けとなった。平川門は江戸城三の丸の正門にあたり、第一門の高麗門と第二門の渡櫓門からなる桝形の構造となっている。桝形の北西部には、平時は閉じたままの脇門が

あり、浅野内匠頭をはじめとした罪人や死者はこの門から外に出された。

③ 田村家上屋敷跡

住所：東京都港区新橋4-28-31
アクセス：JR新橋駅から徒歩約10分

浅野内匠頭が護送された田村家上屋敷は、当時、大名屋敷が集まる「愛宕下大名小路」と呼ばれる一角にあった。現在は日比谷通り沿いに「浅野内匠頭終焉之地」の石碑が建つ。

④ 三次藩下屋敷跡

住所：東京都港区赤坂6-10-12
アクセス：赤坂駅から徒歩約8分

現在、赤坂氷川神社が建つ地には、もともとは浅野内匠頭の後室・阿久里（瑤泉院）の実家・三次藩下屋敷があった。内匠頭の切腹に伴い、出家して実家に引き取られた瑤泉院は、正徳四年（一七一四）に生涯を終えるまで、ここで生活を送った。神社の境内には樹齢四〇〇年以上もの大イチョウがそびえる。

5 浅野大学邸跡

住所：東京都中央区銀座4-12-15
アクセス：東銀座駅から徒歩約2分

浅野内匠頭の罪は弟・大学長広にも及び、大学は幕府から閉門を命じられた。現在の歌舞伎座辺りが、大学の屋敷があった場所である。大学は元禄一四年（一七〇一）三月一五日から、広島の浅野本家へのお預けを命じられた元禄一五年（一七〇二）七月二四日まで、この場所で軟禁生活を余儀なくされた。

6 赤穂城跡

住所：兵庫県赤穂市上仮屋
アクセス：JR播州赤穂駅から徒歩約20分

浅野内匠頭が起こした刃傷事件の一報が赤穂城にもたらされたのは、元禄一四年（一七〇一）三月一九日のことだった。赤穂城は、寛文元年（一六六一）、内匠頭の祖父にあたる長直の手によって完成した。天守台のみ築かれ、初めから天守は構築されなかった。

7 赤穂海浜公園

住所：兵庫県赤穂市御崎1857-5
アクセス：JR播州赤穂駅から徒歩約40分

赤穂藩の財政を支えた塩田経営は、浅野長直の時代からはじまる。長直は潮の干満を利用した入浜方式を導入して生産高を飛躍的に向上させ、赤穂塩の名を全国に轟かせた。赤穂海浜公園内の赤穂市立海洋科学館で、復元された塩田の様子を見ることができる。

8 大石内蔵助隠棲地

住所：京都市山科区西野山桜ノ馬場町96
アクセス：JR山科駅から京阪バス。大石神社前下車、徒歩約8分

赤穂開城後、大石内蔵助は京都郊外の山科郷西野山村に家付きの田地を購入。ここを拠点として浅野家再興運動を進めた。内蔵助の隠棲地は現在、岩屋寺となっている。境内には、内蔵助の遺髪塚や隠棲跡碑（明治期の建立）などがある。

9 安養寺

住所：京都市東山区八坂鳥居前東入円山町
アクセス：ＪＲ京都駅から市バス。
祇園下車、徒歩約15分

浅野大学の処分が下されたのち、大石内蔵助は安養寺の塔頭の一・重阿弥に同志を集め、そこで吉良邸へ討ち入ることを表明した。江戸時代、安養寺の塔頭の座敷は料理茶屋に貸し出され、遊覧酒宴の宿と化していた。重阿弥は明治一二年（一八七九）、世阿弥、連阿弥と統合されて京都初の洋風ホテル・世阿弥ホテルとなったが、明治三九年（一九〇六）の火災で焼失した。

10 吉良邸跡

住所：東京都墨田区両国3丁目13
アクセス：ＪＲ両国駅から徒歩約7分

元禄一五年（一七〇二）一二月一四日深夜、赤穂浪士たちは吉良上野介の邸宅に討ち入り、見事主君の仇を取った。現在、吉良邸跡は本所松坂町公園として整備されている。往時の八〇分の一ほどの面積に過ぎないが、園内には吉良方の死者を祀った慰霊碑や、赤穂浪士が上野介の首を洗ったと伝わる「首洗い井戸」が残る。

11 回向院

住所：東京都墨田区両国 2-8-10
アクセス：JR 両国駅から徒歩約3分

討ち入り後、赤穂浪士たちは吉良邸に隣接する回向院にひと時の休息を求めた。回向院は、明暦の大火（一六五七年）で亡くなった人々を祀るために建立された浄土宗の寺院。境内には、明暦の大火や関東大震災などの災害や事故で亡くなった犠牲者を弔う供養塔（下写真）や、鼠小僧次郎吉の墓などがある。

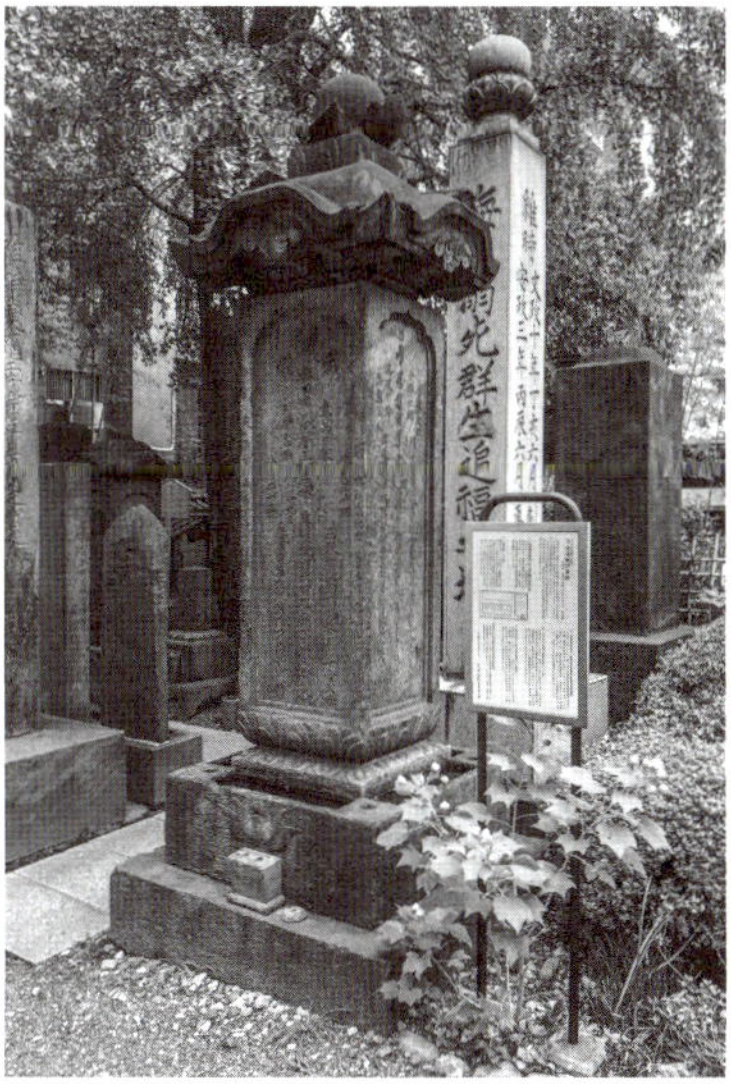

⑫ 両国橋東詰

住所：東京都墨田区両国1-11
アクセス：JR両国駅から徒歩約5分

回向院への立ち入りを拒否された赤穂浪士たちは両国橋東詰へ向かい、休息を取るとともに追手を待った。事件当時の両国橋は、現在地よりも約一五〇メートル川下に架かっていた。両国橋児童遊園内には、俳人として知られ、吉良邸で催される茶会の日の情報を得た大高源五の句碑が残る（昭和三年の建立）。

⑬ 赤穂浪士休息の地

住所：東京都江東区佐賀1-6-2
アクセス：門前仲町駅から徒歩約8分

赤穂浪士たちは諸大名の登城路となっていた両国橋を渡らず、隅田川右岸を南下し、永代橋へと向かった。その途中、彼らは乳熊屋味噌店で休憩。主人から甘酒粥を振る舞われた。現在、乳熊ビル前に「赤穂浪士休息の地（昭和三八年の建立）」の碑が建つ。

14 永代橋

住所：東京都中央区新川1
アクセス：門前仲町駅から徒歩約8分

永代橋は元禄一一年（一六九八）三月二五日の架橋。当時は、現在地よりも約一五〇メートル上流にあった。赤穂浪士たちは新大橋辺りで駕籠を雇い、そこに怪我人を乗せると、永代橋を渡って霊岸島方面へと向かった。

15 赤穂藩上屋敷跡

住所：東京都中央区明石町10-1
アクセス：築地駅から徒歩約4分

橋を渡った一行は、隅田川左岸を南下し、鉄砲洲にあった赤穂藩上屋敷跡へ向かった。刃傷事件後は小浜藩上屋敷となっていたが、この地を避けて通ることはできなかったのであろう。現在、跡地には中央区立明石小学校と聖路加看護大学が建ち、大学の敷地の一角に「浅野内匠頭邸跡」の碑が建つ。

16 仙石伯耆守邸跡

住所：東京都港区虎ノ門2-9-16
アクセス：虎ノ門駅から徒歩約6分

泉岳寺へ向かう途上、吉田忠左衛門と冨森助右衛門は一同から別れて大目付・仙石伯耆守久尚の屋敷へ向かい、討ち入りを報告した。現在、日本消防会館が建つ辺りが仙石伯耆守邸跡で、一階の入口近くに二人が仙石邸の井戸で足を洗っている様子を表現したモニュメントが残されている。

17 熊本藩下屋敷跡

住所：東京都港区高輪1-5
アクセス：白金高輪駅から徒歩約8分

主君の墓前に吉良上野介の首を供えたのち、赤穂浪士たちは各大名家への預かりとなった。そのうち、熊本藩下屋敷に預けられたのは大石内蔵助はじめ一七人にのぼった。藩主自ら内蔵助らに会い、彼らを丁重に遇したと伝わる。現在の高松中学校、都営住宅、高松宮邸の一帯が熊本藩下屋敷だった場所で、高松中学校の敷地の一角に「大石良雄外十六人忠烈の跡」という表示板が建つ。

18 泉岳寺

住所：東京都港区高輪2-11-1
アクセス：泉岳寺駅から徒歩約3分

吉良邸から約三時間の道程を経て、赤穂浪士たちは泉岳寺へと到着した。このとき、一行の行動を称賛した人々が泉岳寺の山門に詰めかけ、彼らを暖かい声で迎えたと伝わる。

彼らはまず上野介の首を井戸の水で洗った。これが、現在に伝わる「首洗いの井戸」（上写真）である。そして主君・浅野内匠頭の墓前に吉良の首を供え、仇を取ったことを報告したのであった。

境内にはその他にも、内匠頭が田村邸で切腹したときに血がかかったと伝わる「血染めの梅と石」（下写真）などがある。なお、赤穂義士の墓地へ向かう入口の門は、赤穂藩上屋敷の裏門を明治時代に移築したものである。

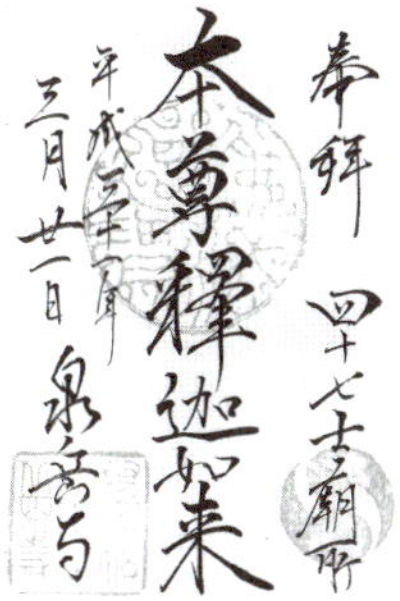

19 長府藩上屋敷跡

住所：東京都港区六本木6-9
アクセス：六本木駅から徒歩約5分

現在、六本木ヒルズが建つ一帯は長府藩毛利家上屋敷の跡地で、唯一残る池が庭園として整備されている。岡島八十右衛門はじめ一〇人がこの屋敷に預けられた。かつては庭園の畔に「赤穂義士切腹の碑」が建っていたが、現在は撤去されている。

20 伊予松山藩中屋敷跡

住所：東京都港区2-5-4
アクセス：赤羽橋駅から徒歩約10分

大石主税ら一〇人は伊予松山藩の中屋敷に預けられた。藩主は徳川将軍家の親類にあたる松平定直であったが、定直直々に浪士らと対面し、彼らを丁重に扱うよう、藩士たちに申し伝えたという。明治時代に松方正義の屋敷となり、現在はイタリア大使館が建つ。見学不可。

㉑ 岡崎藩中屋敷跡

住所：東京都港区芝5-20-20
アクセス：田町駅、三田駅から徒歩約5分

岡崎藩水野家の中屋敷に預けられたのは、間瀬孫九郎ら九人。当初は一〇人の予定だったが、寺坂吉右衛門が姿を消したために一人少なくなった。慶應仲通り商店街の一角に岡崎藩中屋敷跡（水野監物邸跡）を示す説明板が建ち、その近くに石灯籠が残されている。

㉒ 間新六墓（築地本願寺）

住所：東京都中央区築地3-15-1
アクセス：築地駅から徒歩約5分

各大名家で切腹を遂げた赤穂浪士たちはその後、主君の眠る泉岳寺に葬られたが、間新六だけは現在の築地本願寺に葬られた。新六の姉婿で、老中・秋元但馬守の家臣であった中堂又助が遺骸を引き取り、自分の菩提寺であった木願寺に葬ったためである。墓石は天保五年（一八三四）の火災で焼失したが、その後、再建された。

赤穂事件関連年表

延宝八年（一六八〇）

五月　八日　徳川綱吉が江戸幕府五代将軍となる

元禄一四年（一七〇一）

二月　四日　浅野内匠頭、勅使饗応役を拝命

三月一一日　勅使・院使、江戸の伝奏屋敷に到着

三月一二日　勅使・院使、徳川綱吉に天皇・上皇の詔を上奏

三月一三日　勅使・院使、江戸城内で能楽などを鑑賞

三月一四日　巳の下刻（午前一一半頃）、勅使・院使、徳川綱吉に暇の挨拶をする

四ツ半（午前一一時過ぎ）、浅野内匠頭、江戸城松之廊下で吉良上野介を斬りつける

八ツ半（午後三時頃）、浅野内匠頭、一関藩田村右京大夫の屋敷へ移される

未の下刻（午後三時半頃）、早水藤左衛門、萱野三平が赤穂へ向けて江戸を出立（第一便）

六ツ過ぎ（午後六時頃）、浅野内匠頭、切腹

夜、浅野内匠頭正室阿久里、剃髪して寿昌院（のち瑤泉院）と号す

夜更け、原惣右衛門、大石瀬左衛門が赤穂へ向けて江戸を出立（第二便）

三月一五日　瑤泉院が実家の三次藩浅野家へ移る

浅野大学長広が閉門を命じられる

江戸屋敷詰めの赤穂家臣が屋敷を引き払い、町屋へ移る

赤穂家臣、浅野内匠頭の遺骸を泉岳寺に埋葬する

幕府、赤穂城受城使に脇坂淡路守・木下肥後守、受城目付に荒木十左衛門・榊原采女を任命

三月一七日　赤穂家臣、浅野鉄砲洲上屋敷を引き渡す

三月一八日　赤穂家臣、浅野赤坂中屋敷を引き渡す
三月一九日　寅の下刻（午前五時半頃）、第一便が赤穂に到着
戌の下刻（午後九時半頃）、第二便が赤穂に到着
三月二〇日　大石内蔵助、赤穂藩札の引き換えを開始（〜三月二八日）
三月二一日　浅野大学閉門の知らせが赤穂へ到着
三月二二日　赤穂家臣、浅野本所下屋敷を引き渡す
三月二五日　赤穂城の明け渡しが四月一九日に決まる
三月二六日　吉良上野介、高家を辞任
四月　五日　大石内蔵助、赤穂家中に割賦金を支給
四月一二日　大石内蔵助らは方針を切腹と決定。約六〇人が神文を提出
大野九郎兵衛が赤穂から出奔
泉岳寺で浅野内匠頭の法要が営まれる
四月一五日　赤穂家臣、赤穂城下を退去
四月一九日　赤穂城を明け渡す
五月二〇日　大石内蔵助、遠林寺僧祐海を江戸に派遣し、護持院大僧正隆光に浅野家の再興を依頼
六月　四日　大石内蔵助ら、残務処理を終える
六月二四日　泉岳寺で浅野内匠頭の百日法要が営まれる
六月二八日　大石内蔵助、山科郷西野山村に隠棲
八月一九日　吉良上野介、幕府に屋敷替えを願い出る
九月　二日　吉良屋敷を鍛冶橋内から本所へ移す幕命が下る

元禄一四年（一七〇一）

一一月　二日　大石内蔵助、江戸へ下向

一一月一〇日　江戸会議。翌年三月を期して吉良邸へ討ち入ることを検討

一一月二三日　大石内蔵助、江戸を出立。山科へ戻る（到着は一二月五日）

一二月一三日　吉良上野介の隠居願いが許可され、左兵衛義周が家督を相続

元禄一五年（一七〇二）

一月　四日　萱野三平が自害

二月一五日　山科会議。浅野大学の処分決定を待つことに

四月　中旬　大石内蔵助、妻りくを但馬国豊岡の実家へ帰す

七月一八日　浅野大学の閉門が解かれ、広島藩浅野家差し置きを命じられる

七月二四日　大石内蔵助、浅野大学閉門の報を聞く

七月二八日　円山会議。吉良邸討ち入りを決定

八月　下旬　神文返しで同志の意志を確認

閏八月　五日　堀部安兵衛ら、江戸で夜回りを開始

閏八月　この頃から江戸に同志が集結しはじめる（〜一〇月）

一〇月　一日　大石内蔵助、妻りくに離縁状を送る

一〇月　七日　大石内蔵助ら、山科を出立

一一月　五日　大石内蔵助ら、江戸に到着

一一月　下旬　赤穂浪士のもとに一二月五日に吉良邸で茶会が開かれるという情報が入る。これにより、六日早朝が討ち入り日と決定

一一月二九日　大石内蔵助、落合与左衛門に『金銀請払帳』を送る

一二月　二日　赤穂浪士ら、深川八幡前の茶屋に集結。討ち入り時の「人々心覚」を決定

一二月　五日　吉良邸の茶会が延期となり、討ち入りも延期となる

一二月一四日　大石三平、大高源五から吉良邸で茶会が開かれるという情報が入る。深夜に討ち入ることを決定

一二月一五日　寅の上刻（午前四時半頃）、赤穂浪士ら、吉良邸へ討ち入り。上野介の首級をあげる
寅の下刻（午前五時半頃）、赤穂浪士ら、吉良邸を出発。泉岳寺へ向かう
五ツ過ぎ（午前八時過ぎ）、赤穂浪士ら、泉岳寺に到着。浅野内匠頭の墓前に上野介の首を供える
夜五ツ（午後八時頃）、赤穂浪士ら、仙石伯耆守邸へ移される
夜五ツ半〜亥の下刻（午後九〜一一時頃）、赤穂浪士ら、細川越中守ほか大名四家のお預けとなる

元禄一六年（一七〇三）　二月　四日　赤穂浪士ら、切腹
吉良左兵衛、高島藩諏訪安芸守へのお預けを命じられる
赤穂浪士の遺児に遠島が申しつけられる

二月　五日　赤穂浪士ら、泉岳寺に埋葬される

四月二七日　赤穂浪士の遺児、吉田伝内・間瀬定八・中村忠三郎・村松政右衛門が伊豆大島へ流される

宝永二年（一七〇五）　四月二七日　間瀬定八、伊豆大島で病死

宝永三年（一七〇六）　正月二〇日　吉良左兵衛、諏訪で病死

八月一二日　大赦により、吉田伝内・中村忠三郎・村松政右衛門が赦免される

宝永六年（一七〇九）　七月　新将軍・家宣の大赦令により、浅野大学、赤穂浪士の遺児の罪が許される

宝永七年（一七一〇）　九月一六日　浅野大学、旗本に復す

正徳三年（一七一三）　九月　大石内蔵助の三男・大三郎が広島藩赤穂家に召し抱えられる

寛延元年（一七四八）　八月一四日　大坂竹本座で人形浄瑠璃『仮名手本忠臣蔵』が初演される

【主な参考文献】

『忠臣蔵 第一巻 史実・本文編』赤穂市総務部市史編さん室編（赤穂市）

『赤穂市史 第二巻 本文編』赤穂市史編さん専門委員編（赤穂市）

『赤穂市史 第五巻 資料編』赤穂市史編さん専門委員編（赤穂市）

『「忠臣蔵」の決算書』山本博文（新潮社）

『東大教授の「忠臣蔵」講義』山本博文（KADOKAWA）

『元禄時代と赤穂事件』大石学（KADOKAWA）

『これが本当の「忠臣蔵」赤穂浪士討ち入り事件の真相』山本博文（小学館）

『知識ゼロからの忠臣蔵入門』山本博文（幻冬舎）

『切腹 日本人の責任の取り方』山本博文（光文社）

『現代語訳 武士道』新渡戸稲造著、山本博文訳・解説（筑摩書房）

『赤穂浪士と吉良邸討ち入り』谷口眞子（吉川弘文館）

『仮名手本忠臣蔵を読む』服部幸雄編（吉川弘文館）

『繪本仮名手本忠臣蔵』安野光雅（朝日新聞出版）

『仮名手本忠臣蔵 江戸を熱狂させた仇討ちと悲恋』戸板康二（世界文化社）

『港区歴史観光ガイドブック』（港区産業・地域振興支援部観光政策担当）

『泉岳寺 義士銘々傳』（泉岳寺）

監修：山本博文（やまもと・ひろふみ）
1957年、岡山県生まれ。東京大学文学部国史学科卒業。同大学院人文科学研究科修士課程修了。文学博士。東京大学史料編纂所教授。1992年、『江戸お留守居役の日記』（読売新聞社、のち講談社学術文庫）で第40回日本エッセイスト・クラブ賞を受賞。主な著書に『「忠臣蔵」の決算書』『歴史をつかむ技法』（新潮社）、『これが本当の「忠臣蔵」』（小学館）、『東大教授の「忠臣蔵」講義』『流れをつかむ日本史』（KADOKAWA）、『東大流 教養としての戦国・江戸講義』（PHP研究所）、『東大流「元号」でつかむ日本史』（河出書房新社）など多数。また、NHK Eテレ「知恵泉」「ラジオ深夜便」などに多数出演。NHKBS時代劇『雲霧仁左衛門』などの時代考証も担当。

編集協力　オフィス・エス（笹島浩）
イラスト　みの理
デザイン　平塚兼右／平塚恵美（PiDEZA Inc.）
本文組版　矢口なな／新井良子（PiDEZA Inc.）

東大教授《とうだいきょうじゅ》がおしえる 忠臣蔵図鑑《ちゅうしんぐらずかん》

監修　山本博文《やまもとひろふみ》
発行所　株式会社 二見書房
東京都千代田区神田三崎町2―18―11
電話　03（3515）2311［営業］
03（3515）2313［編集］
振替　00170―4―2639
印刷　株式会社 堀内印刷所
製本　株式会社 村上製本所

落丁・乱丁本はお取り替えいたします。定価は、カバーに表示してあります。
ISBN978-4-576-19198-0
https://www.futami.co.jp/

二 見 書 房 の 本

たちまち
続々重版！

神社のどうぶつ図鑑

茂木貞純（國學院大學神道文化学部教授）／監修

神社の像や装飾、お札、おみくじにはなぜ動物がひしめているのか？
イヌ、ネコ、リス、ゾウ、ムカデ、タコ、サケ、カニ…など、
54種類の動物たちの由来やご利益をイラストと写真で解説。
動物パワーで福を呼ぶ神社を162社紹介。